名师名校名校长

凝聚名师共识
回应名师关怀
打造名师品牌
培育名师群体

程美华 著

甘作苔花 守住初心

陕西师范大学 出版总社　西安

图书代号　JY24N1963

图书在版编目（CIP）数据

甘作苔花　守住初心 / 程美华著. -- 西安 ：陕西
师范大学出版总社有限公司，2024. 9. -- ISBN 978-7-
5695-4665-1

Ⅰ. G631

中国国家版本馆CIP数据核字第2024B8T150号

甘作苔花　守住初心
GANZUO TAIHUA SHOUZHU CHUXIN

程美华　著

出 版 人	刘东风	
出版统筹	杨　沁	
特约编辑	刘彦妮	
责任编辑	于立平　赵南南	
责任校对	王　越	
封面设计	言之凿	
出版发行	陕西师范大学出版总社	
	（西安市长安南路199号　　邮编 710062）	
网　　址	http://www.snupg.com	
印　　刷	北京政采印刷服务有限公司	
开　　本	710 mm×1000 mm　　1/16	
印　　张	13	
字　　数	180千	
版　　次	2025年3月第1版	
印　　次	2025年3月第1次印刷	
书　　号	ISBN 978-7-5695-4665-1	
定　　价	58.00元	

序 言

恍如昨日。

自1991年师范学校毕业进入乡村的初级中学，三尺讲台前，一转眼三十多年了。一遍又一遍，翻看着自己散落的文字，我的内心充满着回忆、思考、幸福。那一幕幕令人感动的教育细节在脑海中翻腾，学生、同事、领导、家长、师友……那些与我共同编织教育故事的人和事，是那样温暖。感谢你们陪伴着我每一次夜深人静的阅读与写作、思考与感悟。

犹记得，我的第26个教师节，在学校的鲜花和掌声中开启，在现读、往届学生的远近距离祝福、精心小礼物伴随中渡过，更在上海影城尽享"教师博雅"两场教育电影中震撼！

还是想说说那天的两部电影对我的启迪。让我重新思考如何做教师，如何面对身边的教育事件、特殊学生。人的一生不短，但关键的只有几步——成长期、定型期、转型期，我们所遇到的孩子或许都正值这关键期。问题学生往往受到"排斥"，我们如何去发现、保护、激发他们的亮点？一名好的老师，只是教学生会背诵默写古诗词、会解阅读题、会写应试作文？抑或只是教学生会做几道学科题？一名好的老师，我想应会教给孩子们做人的道理，帮助他们成长，树立起对于未来的信念。"我们要给他们的，不是职业、事业，而是人生、生活！"《唱出我天地》影片中有这么一句台词。

但要成功改变他们，不是只靠一颗理想的心，一个坚定的信念，一次次的坚持，更要有一支团队，一支正义的团队。当理想和现实冲突，当实践遭遇环境的阻挡，当你无法改变周遭环境，你只能改变的是自己。自己与内心的斗争，做出不忘初心的选择！影片《击剑手》的主人公便做到了，他宁愿牺牲自己的安全，也要给压抑的孩子们带来美好的曙光。

两部影片，两个故事，一种激荡。一个心扉紧闭的男孩，因一位与众不同的老师的出现而焕发天才之光；一位失意的逃亡者，因教师一职而重燃人生之光，同时更照亮了诸多孩子的小心灵。

教育的航程虽有碰到礁石而激起的浪花，但是在为人师者的感动中和教育人生的启迪中，我甘做苔花，守住初心，渡过一个有意义的教育人生！

本书按主题编排，共五篇十一章。第一篇主题是我的教育梦想；第二篇主题是德育实践与思考，包含对教育的思考，走进学生的教育实践，我的读书、工作、成长等；第三篇是学校德育实践和思考，包含学科德育、校本德育和课堂研究等；第四篇主题是德育队伍建设；第五篇主题是家校教育，包含家校沟通、家长学校等。十一章内容没有按照时间顺序排列，说起来有点七零八落，但按五大主题合成，便成了我的大德育教育实践的成长合集。

对我个人而言，这是一次整理和盘点，对于阅读者，愿您在这些文字里，体会到一名普通教育工作者的教育情怀，愿能为您带来幸福！

程美华

2024年6月9日

目 录

第四篇　德润人心，教化人才

第五篇　以德炼钢，服务社会

德艺双馨，全面发展

第一章

追梦三十年

30年前的初秋,我站在三尺讲台前,开启了我初中时向往的成为一名老师的生涯。光阴荏苒,岁月流转中,我将步入知命之年,日子不容分说地碾过了华美青春。近日,我读着包含了教育专家李镇西30年教育教学精华的《做最好的老师》,不禁问自己:30年,你在教育教学上有什么收获?让人无不感念,无不惶恐!

一、孩子的叽叽喳喳声,你还爱吗?

感念孩子们的淳朴:"老师,今天小A哭了。""老师,今天这场比赛,我们不该输!""老师,今天我把那本书拿来了——""老师,在您家里我学会了包饺子!""老师,您做新娘的时候肯定很美,祝福您!""老师,请猜一个谜——帐里寂静帐外闹,淙淙泉水夜蝉叫。卧看三更满天星,徽杭一路尽古道。""老师,请您欣赏一下我们的'循环日记'。""谁说家访是最难过的事?""谁吃过'老班'(老班主任)包的饺子?嘿,只有我!""老师,您病了,我们来看您!""老师,我们一起看场电影吧!"教师节我在哪里?在现在、以往学生的祝福声中,在孩子们的拥护中,在插满鲜花的讲台,在洋溢问候的话语围场……我在激情满怀的学生包围中。在孩子的叽叽喳喳声中,我收获着幸福!还会有这样的叽喳声——自修课上"嘿嘿!我下了,四个点了,接下去你点呀！"，课间"老师，他们打起来啦！""这个字我写对了，老师怎么批错了？"，课上"你别拿我的笔，还给我！"……当你听到这样的叽喳声，你还爱吗？

我看到李镇西老师在教师节那天的班会上，笑着对大家说："今天是我的节日，所以我想向同学们索取'礼物'。"他主动请同学们对自己的工作提出建议，还用"有奖征谏"鼓励学生当面批评老师，乐意并奖励学生发出一般老师不愿听到的"叽叽喳喳"，着实令人佩服！

我无不惭愧！总以为自己对学生满是爱，殊不知，是不是有时变了味？是否有点儿装模作样地"平易近人"？是否有点儿居高临下地"恩赐感情"？是否有点儿为达到某种目的而采取"感情投资"？

二、孩子的心灵，你还深入吗？

感念初为人师的执着：曾经为调皮学生烦恼但不放弃；曾经未因班主任工作受挫而放弃；在乡村的小路上，曾经顶着星星回家、在风雨中单车撑伞骑行、走乡串道地家访……

感念曾在教师节的时候、探讨情感类作文的时候、告诉学生如何朴实地叙述的时候，我尝试着现身说法地写下《给老师的一封信》《一副眼镜》《十二月二十五日那一天》等文章，与学生分享。

如今，我问自己：面对学生作文的原地踏步，你还能坚持与学生一起下水作文？

感念曾在学生有思想波动时，走进一个个学生家庭，哪怕假日里从早到晚一家家地跑，也乐此不疲！感念学生在心语本里的真心倾诉，感念主题班会课上真情流露的亲子心声，感念运动会入场式上师生自创诗句道具的精彩亮相……

试问自己，每一年每一位学生的家庭都熟知了吗？有多少学生主动向你道出藏在心里的困惑？有多少课堂学生喜欢聆听且积极参与？有多少学生课余还主动拿起你推荐的书籍阅读？你推荐孩子阅读的书，自己都读过吗？书架上每年添置的书籍，你能读上几本？于漪、钱理群、孙绍振、黄荣华、曹刚、张万祥、朱永新、丁如许、周鼎文、陈振虎、殷飞、王萍等的教育教学专著文章，读了都学以致用了吗？……

是否少了一份耐心，多了一份烦躁？是否多了一份功利，少了一份淡泊？是否有奉献之心，却少了"懂得孩子"的理解之心？是否有责任心，却少了一颗"拜孩子为师"的平等之心？

殊不知，"教育不是注满一桶水，而是点燃一把火。"孩子的心灵，你还深入吗？

三、成长教育的失误，还敢面对吗？

当大家批完试卷后，我得知自己班内有一位学生考场大作文只得了19分。卷面附言："我感觉偏了，老师，行行好吧！看在我写得不少的份上，就给我20分吧！"我还没看文章时，就责怪他"怎么这样没志气"，令其"重写"。

但仔细看他的考场作文，其实素材很不错！如果我没有改变原来的态度和处理方式，或许这个孩子永远对作文没自信，也不会修改出令大家刮目相看的文章，或许也不会有后来从总分41到74的飞跃。

面对拾到五元钱却不吭声以及踢坏门的孩子，我换一种方式来教育，鼓励学生主动认错，最终收到不错的效果。

如果我对前者板着脸呵斥一顿，让后者在同学面前检讨，不知道犯错的孩子会不会真正认识到自己的错误。学生犯错时，难道老师没有教育上的失误吗？我不也讲错过知识点吗？

泰戈尔说："真理之川，从错误之渠中流过。"失误，有时也能变成财富。成长教育的失误，你敢面对吗？

第二章

我的教师梦

第一节 不畏沼泽，勤学苦练

"既然选择了大草原，就不畏惧眼前将经历的沼泽地！"我在第一本备课本扉页上写了这么一句话。因为，成为一名教师，是我在初中作文《我的理想》中初次立下的梦想，是我从那一年开始践行至今三十年的梦想。

从一开始工作，我就是两个班的语文老师，从工作第二个月开始，我又担任了其中一个班的班主任。就是在周围的肯定和面对不断出现的难题的痛苦中，我熬过了三年的语文教学和班主任工作。就这样，在第三年，我送走了第一届学生。那一年，我获得了区行政嘉奖。

有一次聆听优秀班主任报告时，我一直记着这么一句话：当班主任，才算真正当一名老师。这样一届又一届，我做了十三年班主任。有一届班级还曾获得上海市优秀雏鹰中队的荣誉。

在我第六年做班主任的时候，我挺着大肚子送走了我的第二届学生。那一年，我也是挺着大肚子上了一堂破格一年晋升中学一级的语文课。那一年，我的第一篇教学论文获市级特等奖。

于是，我开始不断探究语文和德育的融合，《初中语文教学中的情感教学》这篇论文是我第一次获区级奖，后来又提炼成区级课题。慢慢地，课题做了一个又一个，积累成一篇篇案例和论文，有教学的，有德育的，有获奖的，有发表的。

在语文教学中，我创建绿色课堂，教师的情感化教学先行。在教学中，让教师情、学生情、课文情三情交融与和谐统一，使师生产生共振，使教学产生美。倡导并实践"教学相长"的课堂教学模式，也就是教和学的相互促进、相互结合，师生共同成长。如几十年的语文课前演讲、多次写下水文、循环日记、创新读写结合的尝试等。在教学中，我往往凭借自己的情感色彩来感染和激发学生的学习热情，并相互影响。在我三十三周岁那年，我有幸晋升为中学语文高级教师。

"读书的最高奖赏，不是得到了什么，而是在一路上成为什么。"我爱读书，读文学书，读教育的书籍等。读推荐孩子和家长读的书，引领师生共成长，也助力我的教育教学；读于漪的《教育魅力》等书，让我感受到一些著名教育家们的教育魅力，他们的教育思想仍能成为我们的风向标。

我爱学习，在学习实践中受到导师们的倾力指导。参加仇老师、曹老师主持的区语文学习班，任班长；作为区名师孙赤婴工作室旁听生；参加于漪老师主持的上海市语文九郊培训基地，成为优秀学员；参加华师大二附中的李志聪为导师的德育一体化基地培训。在学习中，我真切感受到了什么叫作"精益求精"，什么叫作"一辈子学做人师"。

我爱学习，在工作之余，我自费参加上海市华师大组织的心理咨询师培训，那一年考取了国家二级心理咨询师。之后，也连续多年参加区心理咨询中心的志愿活动。

我爱学习，在工作之余，我继续保持自己对书法的兴趣爱好，刚工作时带过学生团队，辅导多位学生获奖。

第二节　走出混沌

无意间，我从小学教育专业毕业后走进了中学的校园执教。而且拿起了我并不热衷的语文教科书。我曾埋怨自己"生不逢时"，五年师范的学习，正巧没有专业性的学科班的安排。工作时又碰上中学缺教师，小学有余。执教时，又遇上要添补的不是自己喜好的专业。

懵懵懂懂中，并不情愿中，我走进了中学语文教育教学的门槛。

已不记得，我是怎样开始我的讲台生涯的，是如何讲解一篇篇课文的。但我依稀记得，我的"领路人"金雅芳老师的微笑鼓励、认真指导。"小程，看不出，你人小，声音倒挺响的，我们在办公室都听得一清二楚。""小程，上得不错，就是太急于完成教学任务了。""下午我有课，你有空来听听。"……依稀记得，同办公室的徐福煌老师看到我写在小黑板上的字，笑着说："小程，你这小姑娘，字写得像男孩写的，笔画这么有力。"依稀记得，那个高个子图书馆老师大声地对我班学生说："你们啊，要好好读书，你们的班主任程老师可不容易呀，字写得好，普通话标准，在县里教学比武得奖啦！……"

我第一学期的教学小结写好了。说实话，我不知是怎么写的，只是凑了两页的字。在那次语文教研组活动中，我不会忘记，宋宗棠老师（组长）对语文组的老师们一字一顿地说："小程啊，小结写得不错……"我当时一听，心里一惊，会不会搞错了呀？"你们看，她写的字，笔画有力，认认真真……"

一句句肯定的话语，一次次真诚的鼓励，不断地鼓舞着我的勇气。使我面对课堂不知如何教下一课时，拿起教材再钻研；使我面对顽皮学生束手无策时，又一次尝试教育；使我面对镜中晚归后泪流满面的"我"时，第二天又拾起信心，微笑地走进教室。无数个日子，我顶着晨星出门，披着星光回家，骑着自行车，顶着风雨，寒暑如一。当教导处陶老师问我，你选择初二跟上去，还是"原地踏步"？我毅然选择"跟"！

我知道，我在走一段艰辛的路，但我会勇敢地走下去。因为周围有这么多的老师在引导我、支持我、帮助我、鼓舞我。

在周围的肯定和面对不断出现的难题的痛苦中，我熬过了三年的语文教学和班主任工作。

在忙忙碌碌的第三年中考前。一次偶然的机会，学校安排我代替正因献血而休息的朱文龙老师去县里改中考卷。这次改卷让我了解到更大的语文圈子。我认识了仇治平老师和曹动清老师。他们都是那么平易近人，这是我初次的印象，也是直到现在的感受。

于是，在第二个三年中，我兴奋地走进了仇老师和曹老师组织的第二期县语文中青年读书班，我受宠地当了一回班长。我们走东窜西地听课讨论，上课说课，学习理论，交流习作，第一次紧张地面对全区数十位前来听课的老师上课，第一次脸红地面对二十几个学习班的师生发言，第一次斗胆把自己的所谓的论文搬上台面交流……

在这期间，我更深地体会到了上课要教给学生方法，要帮助学生举一反三；要严格加强基础知识教学，不能落下一个学生；教学之余要多钻研教材，多读教育教学理论，多练笔……

当我挺着大肚子上一堂破格一年晋升一级的语文教学展示课时，我想我并不讨厌我的工作，这是我一直投入的事业。虽然投入地工作着，但我的埋怨不少，有时我想：为什么要当老师，这么劳碌；为什么要当语文老师，这么烦琐；为什么要当班主任，这么操心费神……

我疑惑了，那么何时才算是尝到了当班主任的甜头？如今我在记忆中搜索着，我明白了，当我在婆家收到送走两年的学生寄来的贺卡时；当我读着"老师，当你穿着新娘衣裳、脸上洋溢着幸福的笑容时，你很美，我祝福你……"时；当送走的学生在教师节前夕打电话跟我说"老师，我真想回到以前充满浓厚学习气氛的课堂"时；当我收到出去的学生请求我把她送来的一枚普通的发卡至少戴在头上一周时；当我收到学生手捧一束鲜花，抱着满怀的祝愿递上一份礼物时……我的眼眶湿了，我难道还不满足？还不够幸福吗？

有时我真感觉有些惭愧，给予他们太少，而收到的回报这么多，我脸红地想：我给他们的斥责是否多于肯定？给予他们的死知识是否多于方法的指导？给予他们的思路是否太狭窄？给他们的学习环境是否过于呆板？……在我初为人师和成长的路上却得到了这么多。

而我能给予他们什么？一桶水，满吗？够吗？"问渠那得清如许？为有源头活水来。"

在学习、实践、思考中，我走出了混沌，相信我会走向顿悟！

第三节　走向顿悟

读了钱理群老先生给《教师人文读本》写的序言《我的教师梦》，我很有感触。

感动于钱老先生中学时就有"我的儿童文学家梦"的演讲表白；感动于钱老先生经历艰难的岁月还坚持着自己的梦想；感动于他永远能成为学生喜欢的老师；感动于他教了几十年的书，还这么在乎对每一个新班级学生的第一堂课的准备。

他教了几十年的书，不知道教了多少届的学生，却始终保持着一种教育的新鲜感，每教一届学生，甚至每上一堂课，他都非常珍惜，这种新鲜感被他称为"黎明感觉"。钱老说："我的第一堂课的教案都是一个字一个字地写好的，包括一些重要的'闲话'。开头要怎么讲，你要给学生一个什么样的'第一印象'，你想通过你的一句话，把什么东西传递给学生：这些都要想好。"

隐隐地，我觉得我同样是一位教师，有很多的惭愧之处。教了近二十年的书，似乎觉得自己是一个教龄不短的老师，碰到棘手的学生，却只会感叹学生的这个、那个。而没有很好地去反思、改变自己，来适应变化着的学生。

总以为自己有很多的知识技能，似乎不值得或不适合用在这些学生身上。殊不知，想成为学生心目中的好老师，成为受学生欢迎的老师谈何容易？

　　钱理群老师在教学实践中注重"师生相长"。他说："学生发现自我的过程，同时也是教师发现自我的过程。这是双向激发的生命运动：学生内心深处最美好的东西被教师激发出来，在这一过程中，教师自己心灵中最美好的东西也同时被激发出来，这样教与学双方都达到了一种真实的精神的提升。在上课中，老师和学生之间有一种精神的交流；上完课双方的精神都升华了。"他也是这么做的。钱老与学生"打成一片"，聊天、踢球、爬山，从初一教到高三，为学生冒险……

　　但是，钱老也难免会遇到不公平的对待，甚至伤害。

　　而钱老却说："教师这样的职业，很难避免不公平的对待。我们不能期待所付出的一切都能得到好的回报，有的时候就会遇到这样一种残酷的回报。但是尽管这样，我还要教书，我对学生还是这样的热情，所以有时候我觉得这是宿命。不管怎样，反正我要当老师，我要教书。明知这是一个梦，还要做。"

　　由此，我联想到自己，有时受了点儿小小的委屈，被学生误解，顿生埋怨，似乎自己的辛劳付出理应得到回报。而钱老遇到这样残酷的回报，却无怨无悔地当老师，"还要教书"。

第四节　重拾旧梦

　　反省自己，在忙碌的工作之余，心有余而力不足地与学生谈心，走进他们的心灵。我真的投入了吗？我想，教师真正的才干不是你的职位，不是你获得的证书、奖状等。

　　在忙碌中，我是否找到一种幸福？回想工作以来的付出与收获，我越来越觉得收获的幸福远远多于自己的付出。

　　今年暑期的一天，突然收到我的第一届学生的邀请，与他们相聚。我们似乎又回到了从前。十九年前的一群青春少年，在那天重逢。那天，大多数学生已为人父母了，我们又在一起了。那天，又是个平凡的日子。在眼前展现的，是那一张张纯纯的笑脸，大家一起说笑，一起谈唱。曾经的一切似乎就在昨天，在教室的联欢会上，在田地里摘棉花，在认真地学包饺子、馄饨，在"六一"大礼堂里观看老师的舞蹈……

　　大家变了，变得更成熟了，变得更健谈了，变得更懂事了，变得更有力量了！没变的是，大家的笑脸还是那么灿烂！没变的是，大家的心灵还是那么纯真、美丽！

　　如果不是教师这个职业，我还会有这样"回到童年"的机会吗？如果不是教师这个职业，我还会每年碰到已经工作的学生前来问候、谈笑吗？如果不是教师这个职业，我还会惊奇地收到一束鲜花、一支护手霜吗？如果不是教师这个职业，我还会迎接到教过的学生来家里坐一坐、谈一谈吗？……

不知怎的，我突然想起我刚刚接任的一届新学生，他们刚入初中门槛。如何去设计我的第一堂课；一分钟演讲开始让他们从名人的故事谈起；上几堂激发他们理想的课，如"长大了我就成了你"，让学生们在代表不同职业的图画下面相应的栏目下填上自己的名字；怎样和学生交流……

我会记得"教育的本质就是一种自我的发现，无论是教师还是学生，都应该是独立的个体，都有权利拥有自己的世界，都应该去积极地挖掘自己的价值"。

我也会记得"教育的本质就是将学生内心深处的善良、智慧……这些最美好的人性因子激发出来，加以培育和升华，以此来压抑人的内在的恶的因子"。

教师的生活真的如曹禺先生剧本里的一句话："想想你忍不住要哭，想想你忍不住又要笑啊。"我将一如既往地追逐我的教师梦！

德育为先，育人为本

第三章

德育细雨，润物无声

第一节　优化育人环境的思考

　　教育的春天已来临。教育工作的推进、教育改革的兴起、教育走进新世纪、特殊教育春风吹——《中华人民共和国义务教育法》的颁布、一期二期课改的推进、素质教育的实施、上海"两纲"教育的推进、学科德育、考试评价机制、义务教育的均衡发展、上海市特殊教育从无到有——国家富强、人民团结、社会稳定、民族振兴，必将促进教育蓬勃发展。

　　工作生活中，我阅读着一个个教育故事，关注着教育的现状，也思考着教育的未来。

教师节那天的故事

（一）

　　H是一位在重点高中就读了一年的女孩，一位虎牙姑娘。教师节那天，她背着书包，拿着点儿小礼品来看望初中的老师。

　　问起她的学习，原本她进门时就有点儿红的眼睛流泪了。在她的哭诉中，我得知她这一年学习成绩"每况愈下"。从最初的年级前五十名到一百多名、二百多名、期末三百多名（全年级共六百多名学生）。她着急了、焦虑了，她有自己的理想，想考北京的一所航空院校。她知道自己视力好的优势，也明白自己的现状和理想的距离。"前几年，这所学校最低分数为480分，最高分数为560分，我考不到年级100名内，肯定不行！"

其实，她并不是"不好"，只是太紧张了，没有在平时及时调整好心态。在一段时间的情绪调整之后，女孩笑着离开了，去看校内的其他老师。

（二）

L是一位邋遢男生，与虎牙女孩一个班。但他一进门，却叫不出准备走出门的同学的名字。他对这个办公室很熟悉，以前留着他在办公室补作业、过关默写的机会不少。这个老是说"我不行，我不会"的男生，如今说起他在职校的学习生活，他谦虚又自信地说，现在在学生部工作，老师还推荐他以后参加高复班，准备考大学。

昔日学习总想偷懒的男生，一年后的今天，真的变了，找到了自己的成长空间，我为他高兴！

（三）

Z是一位说话不清楚的女孩，教师节那天晚上，她电话问候老师节日快乐，讲话还是这么笃悠悠。问起她所读的上海某技校的情况，她显得特别高兴，说："去年我语文考到八十分，我还当上了语文课代表！"

我两年前教过她，这个昔日大多数老师眼里的"笨姑娘"，如今也找到了自己的位置。

身边家庭教育的故事

（一）

Q是一位普通的母亲，是单位里的骨干。Q的儿子今年高考，考上了同济大学，其实他的分数高出复旦大学录取线7分。但Q说她儿子一点儿也不遗憾，因为他在同济选择了自己最喜欢的专业。Q说，儿子满意了，她也就满意了。Q说起儿子的性格，满脸笑容。乐观、开朗、有善心……但他也有令人担心的时候。尤其是高三那一年，儿子读书不是很勤奋，爱打篮球，爱玩电脑，成绩有点儿不稳，情绪有点儿低落。

正值儿子十八周岁生日。Q给儿子写了一封信，她丈夫也给儿子写了一封，儿子也给了父母一封信。庆祝生日的那天晚上，一家三口在餐桌前各自读自己写的那封信，一家人非常感动，尤其是儿子。

Q在信中说道："我是你唯一的母亲，我是第一次做你的母亲，难免有许多做得不够的地方。有一次，为了工作，我在上海赶不回来，让你一直等在图书馆不能进家门，当夜高烧到40度。在生活方面，妈妈真的照顾你照顾得不够。"

"但是，我也在不断成长，和你一起进步。在你身上我学到了很多。你友爱同学，你尊敬长辈，你乐观开朗……"

Q说，那封信她一直保存着，将来拿出来再读也是非常有意义的。

（二）

F的父亲为就读小学一年级的儿子来电咨询，因为儿子做事急躁且爱哭，原因都是围绕着学习。如作业不该错的错了；书读过了，爸爸说没读；儿子说这个作业老师没布置，爸爸说布置了……其实，孩子的急，是家长急出来的。

C的妈妈带就读小学一年级的儿子来面询。孩子刚读小学才一个月，上课不听，也不拿出书来，老是走神开小差，不按常规安排办事。平时不大愿意与同伴交往，爱自个儿玩。回家做作业，一直是靠妈妈拿出书，都忙辅导后才完成。

观察孩子本人，他天性活泼好动，爱开关门窗，也爱画画。我了解下来，发现孩子从小在生活上依赖父母，如今晚上睡觉都要和父母一起睡，他需要慢慢地培养独立做事的基本能力。

一个个真实的故事让我深深地感受到优化育人环境的重要性。

育人环境需要平等的教育机会，育人环境需要更有效的家庭教育，育人环境需要优质的教师队伍，育人环境需要全社会的共同关注。

最近阅读《上海市中长期教育改革和发展规划纲要（2010—2020年）》，我坚信自己会看到教育的第二个春天。如序言中说："未来上海教育改革和发展，要以育人为本，把'为了每一个学生的终身发展'作为核心理念……关心所有学生的健康成长，关注社会各个群体的发展需求，提供更为平等、优质、多样的学习机会，努力使学生具有理想信念、公民意识、健康身心和科学人文素养。"

第二部分"重点任务""（三）义务教育""让所有孩子获得公平及高质量的教育""推进义务教育过程的公平，面向所有学生，全面提高教育质量。重点关注学习有困难的学生，采取积极有效的辅导措施，努力使这些学生学有所获、思有所进、能有所长""加强公办初中学校内涵建设，提高师资队伍整体水平，增强学校管理能力，全面提高教育教学质量"。

第二部分"重点任务""（九）教师队伍""为学生成长发展培养高素质的引路人""1.加强师德师风建设。坚持把师德建设摆在教师队伍建设首位，强化师德教育……增强教师育德意识和能力，以平等态度对待学生，以高尚情操熏陶学生，以人格魅力感染学生，做学生的良师益友，自觉担负起培育人才的神圣职责"。

　　我以为，教育的公平、机会的平等，不只是指所享有的教育资源等硬件是公平的，更在于学生受到的"待遇"是公平的。这"待遇"包含不因不优秀而受忽视，不因犯错而受偏见……

　　这必然要求教育工作者提高素质，其中以师德建设为先。师德建设需要有更完善的评价监督机制，需要教育领导机构、学校教师、学生、家长、社会团体共同参与。

　　故事中的邋遢男生、说话不清楚的女生，曾经是多年的学困生，然而，他们走出了阴影，见到了阳光。因为他们找到了自己的发展空间。社会需要各层次的人才，我们大可不必只考虑他们的学习成绩，而应更多地发扬他们的长处，培养他们的自信，让他们都有发展的机会。

　　此外，要让每一个教师都更加关注孩子的身心健康，并在他们需要帮助的时候，帮助他们。故事中的虎牙姑娘，一位原本充满笑容的阳光女孩，遇到了学习的麻烦，心情沮丧，不知所措。她多么需要有人帮助她解惑，让她重新找回自信。她是许多这类学生的代表。

　　这便需要优化育人环境。

　　又如，第一部分"总体战略"的"（三）战略部署"中"动员全社会力量参与和支持教育发展，发挥家庭在人才培养中的重要作用"。

　　第二部分"重点任务""（一）德育"中"3. 优化育人环境。完善学校、家庭、社会'三位一体'合力育人机制，推动学校教育、家庭教育、社会教育有效衔接……形成有利于学生身心发展的校园氛围。加强家庭教育指导服务，引导家庭树立正确的教育观和成才观，发挥家庭教育在育人中的基础作用……为学生健康成长营造良好的社会环境"。

　　第二部分"重点任务""（八）继续教育"中"2. 满足社会个体多方面的学习需求。建立广覆盖、多形式、更便捷的社会教育体系，大力发展社区教育、家庭教育、农村教育、老年教育、妇女教育……"。

　　第四部分"重大项目""（二）重点发展项目"中"8.市民终身学

习促进工程。……完善市民终身学习公共服务设施建设……完善全民终身学习三级学校网络，形成教育进社区、学习到家门的终身学习服务体系"。

只有学校的教育是有限的，只有家庭的教育亦是不完整的，只有社会团体的教育也是不够的……

故事中Q的家长代表了成功的家庭教育范例。而现实中还有像F和C两位小学一年级孩子的家长。

我们太需要家庭这块优质的土壤，但我们更需要"培养"。由此，我想到了"完善学校、家庭、社会'三位一体'合力育人机制"是多么重要。家长也需要"上岗证"，可以分不同阶段、多渠道进行学习培训，形成教育进社区、学习到家门的终身学习服务体系。

以学生心理健康教育来说，就需要学校、家庭、社区的教育资源有效整合。一是将心理健康教育渗透于学校的各项工作中。渗透于学校的管理模式和教师的教育态度中去，渗透于各科教学和各项活动中去。二是注重相关教师的专业资质水平，咨询员的职责要更广泛，不仅面向学生，而且要面向家长、教师、社区。三是对问题学生和有特殊需求的学生，集合多方资源"会诊"，进行细致深入的工作。其中，家长需要密切配合，采用科学的教育方式方法。

平等的教育机会、有效的家庭教育、优质的教师队伍、全社会的共同关注，这是孩子们优质教育的土壤，需要科学有效地施肥、松土。

《上海市中长期教育改革和发展规划纲要（2010—2020年）》为我们指引了正确的方向，它让我们看到十年后的今天，拥有更多幸福的家庭，拥有更多健康的孩子，拥有更多快乐的老师，拥有更多辉煌的教育。

案例　变说教为疏导

（一）案例介绍

在多功能大厅里，坐着近150人，有来自区教育局、普教科、进修学院、各兄弟学校的领导和老师。他们半围着一个班的学生和班主任以及几位学生家长。他们静静地看着、听着、感受着一节以"我的家，有我一份责任"为主题的班会。没有花哨的歌舞、相声，没有热闹、欢腾的气氛，有的是互相理解的氛围。家长哽咽了，班主任的声音颤抖了，学生的眼圈红了，老师们抽泣着……

（二）活动过程

（1）由小品联系实际议论

①看小品《小明二三事》

内容概括：小明放学回家，奶奶急忙开门，小明将书包扔在沙发上，奶奶一边递果汁，一边整理书包。一家人因为小明的挑食哄了好一阵。父亲陪小明学习到九点。第二天上语文课时小明找不到书，挨了老师的批评，老师还要求家长来校。放学回家，家中无人，他开始骂人，打电话给父亲，父亲手机却关机了。原来奶奶住院，父母在医院照顾，母亲惦记小明，先赶回家。小明气鼓鼓地大声责问，母亲讲明原因，小明仍怒气难消。

②主持人：我想，看了刚才的小品，大家一定很有感触，请同学们展开讨论。（同学讨论、发言略）

③联系讨论：类似这类现象是不是也存在于我们的生活中呢？

（2）真情故事：《妈妈不在的日子》

母亲为了家，出远门，东渡日本打工；父亲为了家，独自挑起重担；孩子为了家，努力勤奋地读书。虽然有想念、埋怨、痛苦，但更多的是理解。

（3）真情故事：家长给老师的一封信

有一位母亲，独自一人辛苦为家操劳而落下了肾病；为了孩子，也付出了比常人更多的精力，而在那次家长会上，母亲得知女儿成绩不佳，泪流满面地走出教室，连回家的路都走错了。在哭肿了眼后的第二天，她给老师写了一封信，写下了自己的付出和苦衷。

在不久前，这位母亲又给老师寄来了一封信，信中充满了欣喜和感激。那是在看了老师借给她的一本书后，改变自己和孩子后的感言。

（4）真情故事：《等待》

孩子为了完成老师布置的妇女节为母亲洗脚和说一句"妈妈，我爱你！"的作业而等了两个深夜，因母亲上夜班而未完成，第三天中午时，孩子继续等。结果不忍心叫醒母亲而在母亲床头轻轻地说了一句："妈妈，我爱你！"

请在场的母亲听了故事后谈感想。

（5）将一首《烛光里的妈妈》送给在场的母亲和可亲可敬的母亲们。

（6）讨论交流感想：我们怎样做才算对家庭负责呢？

（7）诗朗诵：《在家中》。

（三）案例反思

这次班队活动就是根据学生学习生活实际，在家访和与个别家长的书信来往中，发现队内有不少队员在校是个好学生，尊重老师同学，在家里却经常大发脾气，不做家务，不尊重长辈，有的学习还依赖父母。我将这样的现象编成小品《小明二三事》。同时我还发觉队员中也有懂事、有责任心的榜样，于是采用同伴真情故事讲述的形式感染学生。

在音乐的伴奏下，同学的故事声声入耳，大家都静静地听着。同时邀请真情故事的主人公家长也到场，在活动中即兴发言，以此教育队员们。

《妈妈不在的日子》的主人公何璋婧的爸爸，在孩子妈妈远在日本打工的日子里，担负着家庭的重任。他为懂事的女儿感到自豪，也提醒在场的队员们，在这么美好的环境下学习生活，要珍惜、要争气。感动在场同学、老师的，不是眼泪，而是真情，是发自内心的真心话。

另一个真情故事《等待》的主人公宋卫欣的家长，在听了儿子多次等待却未能等到给母亲洗脚和说一句"妈妈，我爱你！"的故事后，她用劳累得已沙哑的喉咙道出了对儿子的歉意。

感动我们的，不是她的哽咽，而是她对家的一份沉重的爱。早出晚归的工作，让她无暇与儿子交流，使她深感对不起儿子。

队友对家庭的责任心已感动了大家，而队友的家长对家的责任感更震撼了我们！

大家都沉浸在《烛光里的妈妈》的歌声里，沉浸在对自己的反思发言中，沉浸在诗朗诵《在家中》里。

由这次成功的班会，我想到了另一个故事：

北风与太阳打赌说，它可以吹掉一个人的大衣。太阳答应和它打这个赌。于是北风使劲地吹啊吹，而那个人更用力地将大衣裹在自己的身上。不管北风刮得多猛烈，它只能使那个人将大衣裹得更紧。最后北风放弃了。太阳说："我知道怎么做。"太阳开始将温暖的阳光洒在那个人身上。一段时间后，那个人慢慢松开了大衣。接着，太阳更温暖地照耀着这个人。最后那个人将大衣完全脱掉。凭着自己的温暖，太阳很快做到了北风竭尽全力也做不到的事情。

北风和太阳都非常厉害，但最终太阳却赢了，这使我想到了教育的艺术。

教育工作者若用简单强制的方法干预学生，不允许这样，不允许那样，凡事把学生禁锢在一个固有模式里，是很难达到预期效果的。在德育工作中，最头疼的事莫过于"无效教育"，德育工作者为了帮助学生改正错误，苦口婆心地进行说服教育，结果学生非但不接受，甚至反其道而行之。教育结果成了"零效应"甚至"负效应"。

导致这种"无效教育"的一个重要原因是教育者的教育方法不正确，没有做到动之以情，与被教育者产生了感情对立。当代学生心理上的自我意识很强，他们正处在心理上的封闭和反抗期，德育工作者应注意到学生的这一特点，变说教型教育为疏导型教育，多倾听学生的意见，并尊重他们的意见，在学生已有认识和道德水平的基础上，循循善诱，正确疏导，让他们自己做出正确的选择，这样德育工作才能奏效。

班主任尤其应该努力提高自己的教育艺术、策略意识——同一个道理可用不同的方式表达。比如导演小品、歌曲比赛、学习格言、诗歌朗诵、演绎生活、塑造人格等有效手段和途径，为什么非要迷恋于自己枯燥无味的说教呢？更何况这种超限逆反心理容易动摇教师在学生心目中的权威形象，因为教育方式的单调乏味恰恰说明育人智慧的匮乏。

这次主题班会没有花哨的歌舞、相声，没有热闹、欢腾的气氛。但，就在这些来自班级同学、老师、家长的真情故事中，在深情、优美的音乐伴奏下，在家长们哽咽、激动的话语中，同学们被感动了，听课老师抽泣着，我的声音有些颤抖了，大家都沉浸在这片互相理解的氛围中。

营造幸福美满的家庭氛围是每个人的责任，谁还不明白？为什么要对家庭负起一份责任，哪些表现是对家庭的不负责，怎样做才是对家庭的负责，谁还不清楚？要使学生深刻认识到，我们应该担负起努力学习、生活自理、体谅和孝敬长辈、主动与长辈沟通交流等责任！

在班级的管理中，注重教育的活动性是教育疏导中很重要的途径。个性是在活动中形成的，只有在各种活动中才能更准确地了解学生的个性品质，也只有在各种活动中才能改善和发展学生的个性品质。健康丰富的活动可以调动学生的主体参与意识，可以培养学生健康高尚的审美情趣，可以引导他们塑造自己美好的心灵，在班集体中建设良好的学习环境。

　　总之，学生不是一架机器，他们是具有丰富感情的青少年，他们广阔的情感世界不应该成为教师遗忘的天地。不论是说教还是活动，都应该想到是否建立在满足他们精神需要的基础上，才能逐步使教师的要求和规范真正化为学生自觉的道德行为。否则，他们就会在情感上关闭接受教育的大门。

　　当我们滔滔不绝、说教不力的时候，别忘了把说教变疏导。

第二节　"非零和效应"在班级工作中的运用

　　"非零和效应"来源于"零和效应"。"零和效应"之意是：实力相当的双方在谈判时做出大体相等的让步，方可取得结果，亦即每一方所得与所失的代数和大致为零，谈判便可成功。然而，人类社会发展的历程越来越走向"非零和"，也就是"双赢"。因此，"非零和效应"已经替代了过时的"零和效应"。如今，不少人将"非零和效应"称为"双赢效应"。

　　"非零和效应"对学校教育、教学管理的启示是：要向教师不断灌输"合作行为"的重要意义，尤其是在当前课程改革的过程中，要大力提倡"师生合作"和"师师合作"，力求取得"双赢"的成效。就"师生合作"而言：教师通过与学生的合作，既能提高学生的素质，也能促使教师向学生学习，并在汲取学生智慧的过程中提高教师自己的素质。就

"师师合作"而言：教育教学创新的思想火花，常常产生于教师的合作之中，因此，教师之间互相学习、互相帮助，往往能共同进步和共同成才。在此，我主要阐述"非零和效应"在班级工作中的表现和运用。

改善师生关系合作教育派认为：教师和学生是朋友关系，是合作关系。"你不会学习，我来教你学习；你不愿学习，我来吸引你学习。"教师要采取多种方法诱导启发学生，帮助学生确立新的学习动机，从学习内部获得学习的动力，并尽量使学生逐步感受到成功、进步和发展的欢乐。哪怕是能力最差的学生，也不能让他意识到"自己的落后"和"什么也不行"。教师的天职就是要把能力差的学生变成能力强的学生，而不是挑选优秀学生加以培养。最重要的是：使学生愿意学习，使他们愿意参加到教师和学生共同的教育过程中来。

让学生自由选择，培养学生的自尊心。在传统的教育中，教师主宰一切，学什么，学多少，怎样学，全由教师说了算，学生的学习活动完全听从教师。这样就扼杀了学生的主动性、积极性、创造性。为了让学生体会到自己和教师是志同道合的合作者，在一切可能的场合，教师都应给学生提供自由选择的机会。

一、主题班会召开的"非零和效应"

我以往的做法是千方百计找来资料并编写成完整的教案，再让学生排练，效果一般。而现在的做法是：第一，给他们一个大的主题，如"民族精神代代传"；第二，让学生根据班级同学的实际情况，自由选择，确立一个细的主题；第三，同学讨论班会内容、形式；第四，宣传并让学生自荐和物色人选；第五，分别指导准备；第六，会合交流、调整组合。

同学们接受这个任务后，都兴奋不已，积极分析讨论班级学生现状，感觉到"诚实守信"这一中华民族传统美德在这一年龄段很有必要发扬。班级从组建开始至今，就有两件缺乏诚信的典型事例，而且发生在大家眼中的好学生身上。他们经过一番犹豫后，还是确定了同学目前最需要的"诚信伴我行"主题。定好主题后，学生们经历了自己宣传发动、组织人员、讨论物色、准备材料道具、排演调整等实际的操作和锻炼过程。

这样不仅发挥了学生的主动性、积极性、创造性，而且也给班主任减压，班会的效果更是生气勃勃。

"非零和效应"的意义在于：它能使学生体会到一种受尊重、受信任的情感，有利于从心理学上形成主人翁的意识。

二、期末学生评语撰写的"非零和效应"

每个学期结束时，班主任都要忙着结合同学们一学期以来在思想品德、科学文化、劳动技能、身体心理等各个方面的表现，来给学生写评语。然而，由于受到时间、精力等各种主客观因素的限制，班主任不可能对每一个学生的情况都了如指掌，有些认识已经过时了，有些认识往往是表面的、肤浅的，甚至是错误的，设想，如果所写的评语不符合学生的实际情况，那无疑不利于学生的健康成长。为此，写评语之前，我特意安排学生首先给自己起草评语或同桌给你起草。在布置学生写评语草案时，我的具体要求是："用第二人称写，有一定的文采，字数不少于120；实事求是，表扬和批评相结合；富有特色，不说套话，使别人看了以后能在脑海中出现你的形象"等等。评语草案收上来后，我再对它们进行加工整理，从而形成了最后的学生评语。通过评语草案，我对同学们的学习、思想、生活等有了更加全面和深刻的认识；再通过评语修改和整理，就能把我相应的看法、意见、希望等反馈给他们。这种以文字为媒介的心灵沟通起到了很好的教育效果。

以下的这些例子反映了学生中存在的一些问题和我的相应评价：

例如，有个男生写道："你自感性格内向，很不擅长人际交往，但其实很想和同学交往。每每在需要你不沉默的时候，你却老是犹豫不决，最后还是沉默了。你为此而苦恼，怎么办？"于是，我的评语是："你这种情况其实是缺乏果断的意志品质的表现，建议你在做某件事的时候，多从积极的方面去考虑，树立起自己的信心。"

又如，一位对同桌有点儿不满的同学却这样写给同桌："你虽然个小、胆子不大，但在你身上却折射出可人的风采。你尊敬师长有孝心，关心同学有爱心，学习刻苦有耐心。作为同桌，提醒你：当别人提出不合理要求时，要敢于说不！"

一位较胆小的学生写给作为班长的同桌："你性格开朗活泼，但有时容易生气，如果能再大方一点儿，多为他人着想、关心他人，一定是一个十分优秀的班长。尽管有一段时间你几次去老师那儿挨训，但大家也看到了你的显著进步，在领奖台上神采奕奕的你，才是真正的你！其实，你心肠挺好，但有时心直口快。我衷心盼你改掉坏习惯，保持好习惯，做好班级的'领头羊'。我相信你行的，加油吧！我们的班长。"从中，我了解到更多该生的状况。更重要的是，同学之间多了一份交流，让他们学会从彼此身上看到优点。

师生合作写评语这种形式，我个人认为起码有两大好处：首先，对班主任而言，提高了工作效率，可以使教师用尽量少的时间和精力，来写出质量较高的学生评语；其次，对学生而言，通过自己、同学和老师共同画的"肖像"，使他们能够更全面、更深刻地认识自我并努力完善自我，并能增强师与生、生与生之间的了解。

在开展班主任工作的过程中，我特别强调"教师搭台，学生唱戏"，以学生为中心，注意发挥学生的主体作用。"非零和效应"是我教育工作追求的目标，我将在实践中不断地探索！

第四章

德育晨曦，照亮品格

第一节　做学生喜欢的老师

我曾经听说过汤普逊老师和泰迪的故事，一位我们眼中的所谓差生，却在汤普逊老师的关爱下改变了。后来泰迪请老师以自己母亲的身份出席自己的婚礼，并告知老师："您是我一生中最棒的老师！"这难道不是对一位老师最大的褒奖吗？我认为，这句话胜过任何的荣誉。作为老师，我们应该冷静地思考一下：如何当学生生命中的贵人？如何让自己的学生由衷地对你说一句"您是我一生中最棒的老师"？

或许我一辈子都不能得到这样的褒奖，但我会默默地，努力去做这样的老师！

一、让自卑的孩子看到希望

一次，某个学生在语文月考中考到42分的年级最低分。开始，我看到分数比较震惊，更有点儿愤怒——语文再怎么差，好好写大作文，也会接近及格呀！那次作文的标题是《心里美滋滋的》，满分40分，他得了19分，一般同学得分在33分左右。不是字数不到，而是作文最后的那段附言："我感觉偏了，老师，行行好吧！看在我写得不少的份上，就给我20分吧！"阅卷老师为此附言感到生气，提到过此例，当时我还不知道是哪个班的哪个学生。

还没看文章时，我就责怪他"怎么这样没志气"，令其"重写"。但当我仔细看他的考场作文后，我的想法变了。我觉得他的素材很不错，回忆以往同学一起玩乐的情景，表达对友情的怀念，充满真情实感，文笔也是不错的，只是涂改较多，也有些错别字。

于是，我为我刚才的态度向他表示道歉，并肯定他作文中的亮点，建议他修改一下，这样就可成为好文章了。我在全班进行作文讲评时，特地把此文拿出来让大家一起点评，特别挖掘其文章的可取之处。

之后的当堂作文，他也能完成，只是迟迟不愿上交，细问时，原来他又感觉好像有点儿偏，再细细琢磨，修改一下，还是符合题意的。

后来在期末考场作文《在我身边》中，他不忌讳他表述自己是一个"成绩已是排在倒数的人"，坦诚地叙述老师提议自己找个"师傅"。并且有一位同学主动提出来辅导他。全篇文章就是在赞美这位"在我身边"的"师傅"，如何在平时陪着补做作业，让他重新默写古诗文，教他怎样提高正确率。更是感激在期末考前"师傅"的行为，"考试前几个星期，我却得了水痘，来不了学校上学，师傅每天晚上都在电话里认真地把今天老师教的知识一点一点告诉我，直到将我教会了，才安心地将电话挂断"。

文末该学生写道："在我身边，有这样一位无私的师傅，他将他的心血和汗水用在我身上，可我却不知道回报给他什么。"那次期末，他考到了74分。

学生的自卑感真是太可怕了！纵观这位学生的学习经历，他总在挫败感中，总感到自己"写不好""考不好"，一种认知的缺失，让他失去了正常的判断能力，形成固定的消极观念。因此，我们需要让孩子

"永远对自己抱有信心""喜欢自己,悦纳自己""清醒地认识到自己的优势和不足""能力是可塑的、变化的、发展的"。让孩子,尤其是自卑的孩子看到自己的希望,这样他才会有学习的内驱动力,才会提高自我效能,才能拥有成功的信念!

二、让普通的孩子热爱学习

学生轩:"老师,我请你猜一个谜!"他满脸高兴。

师:"什么谜?"

学生轩:"请你猜个地方——帐里……"

师:"什么?没听清楚。"

学生轩:"关键是最后一句——"

师:"把最后一句再重复一下——"

学生轩:"wei hang yi lu jin gu dao"

师:"你还是写下来吧!"

学生轩在小纸片上写下"徽杭一路尽古道"。

师:"你看,不是wei hang,是hui hang。我猜是安徽、杭州。"

学生轩:"不对,我们真的看到了满天的星星,很漂亮!"

师:"我知道了!是内蒙古!"

学生轩:"也不对!"

师:"哦,是黄山!"

学生轩:"比较接近了!"他用期待的眼光看着老师。

师:"你把前三句也写下来吧。"

于是,完整的四句有了——帐里寂静帐外闹,淙淙泉水夜蝉叫。卧看三更满天星,徽杭一路尽古道。

师:"嘿!还押韵呐!厉害!你怎么会想到写'帐'呢?"

学生轩:"那是因为和我们一起去的,还有叔叔他们,他们搭了帐篷在外面，我们在屋子里……"

师："你们游玩了什么呢？"

学生轩："我们走了足足18.3公里，上山，下山……"

师："就走？"

学生轩："我们是徒步游！"他兴高采烈地说。

师："你公布答案吧！"

学生轩："那是徽杭古道——安徽到杭州的古道，听说早在唐代就有了，是江南第一关，是中国第一古道。它北靠黄山，南依天目山……"

师："真羡慕你呀！能跑这么多路！你爸妈都去了？"

学生轩："我妈摔了四跤！"

师："你妈也厉害！有机会我也去走走！"

学生轩："老师，应该说让你猜一个徒步景点，这样更好！"

师："说景点也对！"

学生快乐地笑了！老师的内心也不亚于这快乐！

我们一起分享。我们一起在课外书籍中畅游，分享各自阅读的欣喜；我们一起在校园中寻找春色，笑闻春的气息；我们一起写循环日记，共悦你我成长；我们一起迎接一次次考试的历练，共同分析得失；我们一起交流假日的故事，说你说我说他的家庭故事、旅游趣事、个人爱好……

当刚工作的孩子，好不容易加上老师的微信，晒出学生时代老师奖励的笔记本和留言；当十多年前的学生，留学国外几年，回来还不忘给老师带一点儿礼物；当已工作若干年的学生，还向老师电话咨询谈婚论嫁的事；当二十年前的第一届学生盛情邀请你参加同学聚会；当初为人师时最为调皮的学生，真诚向你道歉……所有当老师的苦和累，都算不了什么！

　　我教了二十多年的书，似乎觉得自己是一个教龄不短的老师，碰到棘手的学生，很多时候，只会感叹学生的这个、那个，而没有很好地去反思、改变自己，来适应变化着的学生。

　　我想：只有真正地投入于你的事业，才能真正获得教师的幸福。

　　教师的路，让我们慢慢行走，细细品味吧！

第二节　大雁南飞的演绎

　　每次遥望天空中大雁南飞的情景，我都不禁心生敬佩。在无比广阔的天地间，它们总是排成"人"字形，无一掉队。也总有一只领头雁顶着最大的风力，乘风破浪。总是那么团结一致，那么勇往直前。

　　生活中也需要这样的团队精神，这样的领头雁。

一、团队的力量

　　我一跑进班级就告诉同学们："我们班方队表演获一等奖啦！"学生们却没有发出我想象中的"耶"的声音。惊疑中，他们却得意地说："那是当然的啰！"

　　全校师生在我们班级表演时，都交口称赞，还夸"真是一浪高过一浪"呀！

　　想想是蛮不错的。短时间的队形表演后，一幅红布黄纸红字的大对联，一横批——一浪；一只只彩色氢气球随着那句"放飞梦想"，冉冉飞向天空——又一浪；一只只活生生的鸽子冲出笼子，飞向高空……映着早晨鲜红的太阳，衬着广阔无垠的蔚蓝色天空……

全校师生高昂着头，满怀着希冀和信心，期待着心中梦想的实现——尤其是那毕业班学生共同的心声：

为自己辟天地，毕业班志士心

为南中创辉煌，学子们记心中

共同的心声发自共同的愿望，共同的愿望因为团结而实现——那是师生共同的智慧和努力。

让我怀着一颗感恩的心，感谢这团结的每一分子。

感谢同学们智慧火花的奉献和碰撞，才有了最初的设想——排队形。"TEAM"（团结）队形。即T——Together，E——Everyone，A——Achieves，M——More. Together，Everyone Achieves More.（团结，人人成就更多！）

大家一起想对联，大家一起讨论评选，大家一起构新意：手中的气球放飞，鸽子助兴。

感谢孩子们辛勤的付出。排练，一个又一个队形纠正，一节又一节课，一遍又一遍，添口号，练动作，喊口令……裁纸，写大字，布上贴字，组对联，找展对联棒，吹扎气球……

感谢家长们的无偿付出。对联底布，浸水、熨烫；展对联的长短棒，锯一次，再锯一次；棒连布，一针针缝，一次次调节；学生的服装，及时借来，男生的领带、白衬衫按时套上。胖男生没衣裤，哪个胖"大模子"的家长提供？这个说"我爸的！"，那个说"我爸的才合适！"鸽子的放飞，就那位家长的那句"让鸽子又锻炼了一次"暖了大伙的心。

……要感谢的人太多，太多！

最后，我还要感谢我自己，原本对已是初三的他们不抱什么希望。

而无意间，几句"你们来出出主意吧！你们比我聪明！众人拾柴火焰高！"却让他们兴奋不已，又那么投入！

我更相信"TEAM"。和大家一块儿出智慧，出力，有劲！甚至把家里的扫帚棒子都用上了，乡下的"鲁栋"也用上了……

我的心灵感受到了团结的力量——那么铿锵有力！

二、饺子情结

外面下着雨，凉飕飕的，而教室里却其"热"融融。大家手里备着一张餐巾纸，一个个小步跑到讲台前，对着讲台上那冒着热气的两锅饺子绽开了笑颜。那是同学们企盼着的"老班"的饺子（班主任亲自包的）。那是向学生们承诺的奖品。

虽然没有碗筷，虽然每人也只尝几只，但是同学们品尝时，却那么兴奋，那么可爱！我们的心里都喜滋滋的！我看着他们的笑脸，更感幸福。尽管我一早就冒着雨去买饺子皮、菜、肉等；尽管我中午挤出时间，赶做一百多只饺子；尽管刚才又撑伞，又拎两个电饭锅。这两锅饺子，其实也缘于那次家访——

去年12月24日，星期六，很想在家包顿饺子，但我可不能食言。跟学生说好这次上好辅导课和学生一起乘公交车到他家去家访的。他妈妈也特地调休了。我一定得去！去郊区的肖塘。

11点45分，课后，我和学生袁家祺一起下楼，平时善言的他，今天似乎话不多。我拿出包里预先备好的饼干，他也不吃，虽然从我手里接过去了。

一路上，我感觉我倒像一个孩子。"老师，我已经给你投好币了。""老师，这边坐。""今天的车钱我出，您要给，给我妈妈。""老师，快到站了，我们还要转车。""这辆不是，再等一下。""下车了！""我们还要走一段路。""我家周围……"

一进袁家家门，他妈妈就热情地迎出来，手上还粘了些做饺子点心的白色面粉。今天她妈妈非得要给我做点心，说"不尝就不要来家访"。我赶紧洗干净手，也包起来。这可是我乐此不疲的。

说起包饺子，还是刚工作第一年的一次活动中学会的，后来我又教会了很多的学生包饺子。有一次，我兴致勃勃地向班级提议——搞一次包、煮、吃饺子的体验活动，大家纷纷响应。

于是，我先买了一些饺子皮、肉、菜等。领着一伙班干部，到我家去教他们。再让他们在活动现场教同学们，让学生们一起学包饺子、备碗盆、炊具……那热火朝天的场面至今难以忘怀。

这次家访后的周一语文课，课前一分钟演讲，正好轮到袁家祺讲。他非常自豪地告诉大伙："谁说家访是最难过的事？我却尝到了丰富的味道——甜、酸、苦、辣。"接着，他向大家娓娓道来。

最令我难忘的是他的那句"谁吃过'老班'（老班主任）包的饺子？嘿，只有我！"引得大家心里痒痒的。于是，大家提议——大家都要吃一回"老班"的饺子。

"没问题！"我马上应道，"不过，我有一个提议，学期末每个学生都得尽力考好，尤其是个别这次落后的科目。"

他们欣然答应，满脸的期待……

我更期待着能为大家做饺子，让他们尝尝我的手艺！

于是便有了开头的那一幕。

饺子跟我们有缘，它牵系着我和同学们共同的心愿！我的饺子情结！

在我眼前，又出现了雁儿南飞的情景：在无比广阔的天地间，一群大雁排成"人"字形，无一掉队。有一只领头雁顶着最大的风力，乘风破浪……在班集体中，我——一位班主任，是领头雁吗？不，不只是我，还有我的一个个学生，不断地轮换着！

第三节　情感激励：学生向上的动力

要想做好班主任工作，必须对学生有爱心，正确运用情感教育的方法去对待学生，力争把情感作为激励学生上进的一种力量。

古人说："感人心者，莫先乎情。"任何外在的事物要内化人的思想和道德，都必须经过情感这个中介。如果说思想教育是对学生晓之以理，那么以情感动就是动之以情了。情感因素是影响人际关系的直接因素，情感是联系教师与学生的纽带。教师的爱能够激发起学生对教师的敬慕，缩小师生心理上的距离，能使学生把教师当成最信赖的人。这样学生会自觉地向教师敞开心扉，心悦诚服地接受教师的教诲。高尔基说："谁爱孩子，孩子就爱他，只有用爱才能教育孩子。"每个学生都需要别人的尊重，特别是初中学生，他们处于青春发育期，独立意向性增强，有较强的自尊心，他们有自己的个性、自己的主张，希望别人尊重他们的意见。教师应对学生施以爱心，给予关心。我认为没有爱，就没有教育，用友善的态度、适当的方式去感化学生的心灵，这样才能进入学生的内心世界，倾听他们的心声，帮助他们化解心理压力，排除心理障碍，使其得以健康地成长。

一、坚持每周的书面谈话，共情缩距离

不同年级的学生，因处于不同的生理发育阶段，其表现各不相同。

他们的思维意向、思维方法、情感表达以及行为表现能充分体现出不同年龄阶段学生的特征。要针对他们的不同特征，做到有的放矢，才能做好工作。初一年级的学生，刚刚步入中学，还没有完全脱离孩子的天真性格，还有很强的依赖性。因为这些学生来自不同的学校，学生的素质相差很大，学习内容掌握的程度参差不齐，加上又都是独生子女，个性多样，对他们更应进行"情感激励"。使他们在较短的时间内摆脱旧习，更早地适应中学的学习与生活，是相当重要的。这个时期的学生最需要从情感上关心他们，在生活上照顾他们，一点一滴地教导他们，这时的教育工作者应该既做老师又当"妈妈"。

针对这些情况，我在班里开展了"和老师说些心里话"的活动。每人一个硬抄本，一起命名为"心语本"，扉页贴上照片，写上座右铭。里面想写什么都行，只要是心里话，可以随便写，老师给每个学生严格保密。我一本一本地看，一个一个地写批语。尽管是一周一次的交流，但这里有心灵的撞击。五十多个小本儿，是五十多颗奋发向上的心灵。学生真的用它来说心里话，例如有的学生写道："老师，这是我写给你的秘密，您可要保密呀！"有的学生在得知老师有个小名后，想方设法地通过周记，请求老师悄悄道出；还有的学生说出自己的缺点，让老师平时多监督、多提醒，帮助他尽快改掉毛病。通过这一活动，我感受到了这些孩子的天真与真诚，同时更加激发起我对这些学生的热爱。这一活动的开展，真正缩短了师生间的距离，对教师掌握学生心理动态以及适时调整教育方法起到了很好的作用。

二、换一种方式，让学生在错误中成长

作为教育工作者，总会碰到学生犯错。如何教育他们？是对其板着脸，呵斥一顿，还是简单地惩罚一下？这能达到教育效果吗？

我认为，教育学生改正错误，主要从学生本人能真正认识到自己的

不足，并有决心改正的意愿为出发点。不妨换一种方式，以发展的眼光对待他们的错误，让他们从内心自主地认识到自己的错误。这样会达到更好的效果。

有一次，在军训开始半小时内，一位学生在换军装时就犯了一个错——拾了不知名学生掉的五元钱，不吭声。通过了解情况，我肯定这名学生在自己班级中，通过观察、排除，我最大的怀疑对象是A。可A不承认，一直到军训结束，我心中的一块石头还吊着，闷闷的。真想在全班面前教训一番，或找那位同学"软硬兼施"，但最终思量，还是忍着。

受学校教育一个学生踢坏门而不让其在同学面前检讨，反而表扬他敢于主动承认的勇气的启示，我拿定主意——换一种方式来教育，鼓励学生主动认错。告诉他们：犯了错，并不可怕，可怕的是不及时认错。只要肯认错，老师会原谅他，并根据本人意愿为他保密。在成长过程中，错误难免，老师就准备着和你们的"错"一起生活、长大。

第二天，出操最后一个走的A支吾着递给我一封信。信封里还放着五元钱，我的心踏实了。

这位学生在思想上有了一个很大的突破，这是生活中的"错误"在促使他进步、成长，也是老师特殊的批评教育方式的效果呀！我想，如果学生犯错，老师一味地指责，他们会真正认识到自己的错误吗？也只有在老师对犯错学生满怀信任、真心帮助的爱心时，才能拉到学生的手，让其跟着大家一起走。

我认为，通过情感投资来缩短班主任与学生之间的距离，改变师生的心理环境，来纠正学生在思想上和学习上的偏差，激发学生的进取心，从而满足学生自我实现和自我尊重的心理需要是至关重要的。对学生要力求晓之以理，动之以情，要运用心理学知识与学生一块分析、研究、探讨问题的解决方法，并时刻用自己的言行来教育和感化学生。美国教育学家本尼斯说过：只要学生知道老师对他抱有很大希望，仅此一点就足以使学生的智商分数提高25分。毫无疑问，这是教师对学生的信任与尊重所获得的回报。因为许多学生在心理上长期处于自尊而得不到自尊，好胜而不能取胜的矛盾状态，他们非常需要满怀热情的期望，来激发他们积极向上的动力。

三、融情于访，让家访成为师生情感纽带的延续

日本一位学者曾经搞过一个家访调查，结果发现：来访教师愈是以学生亲朋的姿态出现，愈是慈爱、关怀、寄予厚望，愈是能赢得家长的尊重和学生的爱戴；相反，则会引起家长的反感和学生的不满。事实上，教师与其他职业的一个重要区别是，他们常常扮演着家长代理人的角色。学生往往把教师当作其父母的化身，并迫切希望教师能像父母那样对待他们。到了家中，在父母面前，则更希望教师给其以自尊、温暖和期望，而不是刺伤其心灵的批评和漠不关心。

一位多才多艺的学生，承受着家长对他过高的要求，总不满意自己的成绩，整天闷闷不乐，却在课上开小差。家访中，我道出了该生许多的优点，并指出，他很有希望，只字不谈他上课时的不佳。另外，我选择单独与家长交流，不给孩子过多的压力。之后，该生学得更轻松自如了。一次周记中，这位学生给老师写了一段感谢的话。

一位说话带刺，其他学生不愿与她当同桌的女生。初三第一学期，她的成绩一落不起。虽只与父亲一起生活，但受到的家人的关怀却不少。只是因没有同桌而感到孤独，在是否给他一个同桌的犹豫中，我走进了她家。当看到她书房的墙面赫然写着"我要考交大"的字样时，我鼓励她："你肯定行！老师看你这个志向就知道！"我决定了：信任她，给她一个同桌！不到一周，她有了明显的改观。上课认真、积极了，多写随笔给老师看、交流了，成绩进步了。考取奉贤中学后，她还

不忘与老师保持联系。

融情于访，家访已成为师生情感纽带的延续。家访中，教师的言语往往是家长判断孩子有无成才希望、学生判断老师是否信任自己的尺子，其作用不可谓不大。清代教育学家颜元说过："数子十过，不如奖子一长。"因此，为师者要带着期待的目光，多一些赏识，多一些激励，把欢乐带给家访，把信心带给家庭，把成才的希望带给每一个家长和孩子。

通过十几年来的实践，我体会到：情感支配人的行为，其作用是巨大的。初中生对自己情感的调节能力比较差，波动性更为明显，往往不善于使自己的情感受时间、地点、场合等条件的支配，只有教育工作者用满腔热情，尊重和理解学生，学生才能真正尊重和信任老师，才能建立起平等与和谐的关系。这样，教育者与被教育者的情感也就能互相渗透，互相作用。双方就能在"你中有我，我中有你"的局面中使情感发生变化或得到发展，使学生对你有亲切感和敬佩感，用你的深情打动学生，激发学生的上进心。这样，你才能带领学生遨游在知识的海洋，永远向前。

第四节　架起心灵的桥梁

人是有感情的动物，没有感情就没有教育。教师热爱学生，对学生寄予厚望，学生在心理上就会得到满足，从而乐于接受教师的教导。师生间需要不断地交流，才能产生良好的教育效果，这就需要架起心灵的桥梁。

一、重视情感教育，尊重学生人格

我在接任新班级的过程中，体验更深。因为是提高班的学生，绝大部分具有优越感强、个性强，但心理脆弱、依赖性强、易受挫等特点。他们需要别人的尊重、认可。因此，教师首先应蹲下身来，多了解学生，尊重学生人格，热爱关心他们，逐步赢得他们的信任与爱戴，从而建立融洽的师生关系。

开学一个阶段后，学生庄某不如以前稳定了，询问缘由，也不知其因，只说没什么听不懂的。问及黑板是否看得到，他说没问题。只是我发觉他平时较多询问周围同学。后来，通过家访，我了解到该生家庭困难，父亲长期休病在家。每年要花费四至五万的医药费，只靠母亲一人的工资。这时，我又提起他的视力。结果，他承认视力是退化了。而该生为了不给家庭增加负担，竟然不说实话。此时，旁边的母亲哽咽了。

学生的心是敏感而单纯的，当他们感受到你的真诚，就会向你敞开心扉。在你与学生的每一次平等、友好的交谈中，你会了解许多有助于工作的信息。了解、尊重，架起了师生间关爱的桥梁。

二、坦诚相待，指出缺点，帮助扶正，树立榜样

真诚待生如朋友，善意地指出学生的缺点，并疏导分析这些缺点的危害性，学生会乐意接受，并有心改正。此外，树立榜样更有助于他们改正并进步。

一个刚接手的班级，上学期期末班级总体取得了名列前茅的成绩。可接触第二天，我就发现有抄作业的同学。找其谈话，他还振振有词："我们班每个人都在抄。"我指出这样不利于以后的成绩，我又道"成绩大多有水分的。"我简直不敢相信，就这样轻描淡写的几句话，无正确思想，更无深刻认识。一段时间后，我确实发现班内有较严重的抄作业现象，大至班干部，小至普通同学。

于是，围绕"抄作业"，我进行了一系列专题教育。从与大家一起坦诚交流到分析讨论，从"你是否抄作业"，到"为什么要杜绝"，到"如何制止"。学生们纷纷自愿站起来承认自己的不是，并在课后检举。他们一一讨论并明确了认识，决心改正不良的习惯和风气。

老师帮助树立身边的好榜样，激励他们学习。渐渐地，学生以此行为为耻，并养成了正确的习惯。坦诚相待，架起了师生间帮助的桥梁。

三、耐心指导，充分信任，让学生自主管理

现在的学生见多识广，思想活跃，自我意识强烈。教师对他们的教育单纯采用批评训斥的方式或苦口婆心的方式未必有效。因此，要运用切实可行的教育手段和措施，以学生为主体，调动他们管理和活动的积极性，从而达到让学生自己管理自己的目的。

在全班实行值日班长制，即全班同学自愿一人一天轮流当班长，全

面负责检查监督、记录当天班内各项工作情况。分工细致，各负其责，奖罚分明。既培养了学生的责任感，又锻炼了学生的能力，并取得了良好的成效。学生日常行为规范更自觉了，每周检查成绩在全校前列，每月获流动红旗。班主任能转变观念，放下架子，让学生自我管理，架起了师生间信任的桥梁。

四、洞察学生心理，丰富集体生活，促进全面发展

初三学生课业负担重，竞争激烈，造成部分学生心理压力较大。这时，教师、家长如果还过分强调学习，往往就会造成部分学生的厌学或抵触情绪。因此，学校班级有什么活动，我就鼓励学生自主报名参加。如运动会、方队表演、拔河、跳踢等活动。班内有几个调皮的男生也自愿与女生挑战，让他们出黑板报，结果他们在短短的时间内展示了一期如意的板报。有几位班干部自发组织学生从家里拿来照片，集成"全家福"贴在墙报上，体现了"我爱我家"的风范，成了大家驻足的一角。

班级要发展新团员了，团支部书记组织学生民主评议、选举，让他们正视自己的优缺点，并能庄严地入团，体会到自身的责任。元旦将到，学生与老师商量把辅导课改为庆元旦联欢会。学生们欢乐的气氛也感染了老师，在烛光摇曳中，我们一起许愿。丰富、有趣味的生活，架起了师生间理解的桥梁。关爱、帮助、信任、理解，架起了师生间心灵的桥梁，使我们在关爱中了解、在帮助中进步、在信任中成熟、在理解中快乐。

我们将不断体验那份心灵的交流。

第五节　好一颗"年轻的心"

原以为自己是班主任，对于班级里大大小小事情的知晓、处理是理所当然，更何况是男女学生吵架事件。然而，如今我却改变了想法——缘于学生的一段段话——

"不知是谁说过一句话：'如果你年轻过，那你一定冲动过。'虽然这不是什么至理名言，但我认为很有道理，吵吵架，难免的。但几天过后，几位'案发嫌疑人'便又笑脸相迎——这正是我们年轻的心。"

"我们不想装什么怨恨于心中，因为我们心中已充满了热情，年轻的心本来就是这样。"

"老师，我们这帮黄毛小子、丫头都有了自己的思维、想法。老师可以在某方面放开一些，让我们自己解决。有时您的'因地制宜'，可能会使我们脸红，甚至会失去自尊。"

"现在，我们不再内耗（其实，国庆前就已经平息），而是一笑而过。您将见到我们勾肩搭背、欢笑吵闹的身影。因为我们是同学，我们是朋友，我们是拥有'年轻之心'的！"

……

写下这些话的正是体育课上男女学生抢篮球的当事人。体育课自由活动时，只有三个篮球，其中一个气还不足。男生们觉得这是他们的专用品，因为平时女生很少玩；女生们则觉得，为什么我们一个都玩不到？只拿一个也不算"黑心"。结果，由两三个男女生争抢，发展成男女双方大操场实地争夺战，而且是由几个班干部带头。哎，大概是受"姚明热"的影响，大家都对篮球有一颗狂热的心。

不管"他"是出于对责任的避讳，还是其他。但至少给了我一点启示：让学生自己处理，就得大胆放手。排除烦忧，让自己也拥有一颗年轻的心。

以下是当事人征求的班级同学对此次男女生事件的意见：

"大家在一起学习，吵吵架、闹闹嘴也是可以的，是可以理解的，但吵过闹过之后，一切都过去了，为什么要像记账一样记着呢？"

"其实现在想想，当时这么做也有点儿幼稚，就像小孩子一样争强。我无法将错全推在男生身上，我的倔脾气是造成事件发生的主要原因。"

"现在，男生和女生之间到底孰是孰非，并不重要。我觉得最好的办法就是男生减弱些平时的傲气，女生放低点儿自尊，少一点儿嚣张。"

"如果你错了，就迅速而真诚地承认吧！古话讲得好：'用争斗的方法，你可能收获更多。'"

"大事化小，小事化了，退一步海阔天空，以和为贵。"

"清者自清，浊者自浊，报复的行为是不理智的。"

"小不忍，则乱大谋。"

"十年修得同船渡，我们能在一起学习，可以说是一种缘分。如果真要比拼，不妨比比课堂上谁回答问题最积极，比比考试，在'龙虎榜上'比，在作文课上比，在各类竞赛上比。"

"如果现在那些当事者互相道了歉的话，全班都会原谅他们。他们为何不能效仿古人'负荆请罪'？这个故事可谓耳熟能详，主要是学习廉颇和蔺相如之间那种以大局为重的精神。希望他们能牢牢记住，要以宽广的胸襟去原谅他人的错误。'亡羊补牢，为时未晚'，犯错的男生，大度点儿！犯错的女生也不要斤斤计较，互相诚恳地道个歉，从此友好相处，不挺好的吗？"

"'忍无可忍'的心情希望以后在我的字典中消失！改吧！改吧！在这次闹剧中，我扮演了一个不光彩的'主角'，而下次，不，没有下次，决不会这样！"

"记得女生那么灵巧地编中国结，还得了奖；记得运动会场上，大部分都是男生拼搏的身影；记得大扫除，女生们细心地擦窗，男生们则承包了苦力活。我们对待对方的不该是敌意，而是真诚。就让所有的不快烟消云散吧，就将所有的不满抛到脑后吧。关注一下别人的优点，注意一下自己的缺点，学会退一步，学会忍让，那么你会发现，这样的结果要比互相较劲来得圆满。"

……

学生们真的拥有一颗年轻的心。吵也好，闹也罢，他们天性的表露，亦是他们生活的必需色彩。没有了这些，或许是死水一潭。

何不睁一只眼，闭一只眼？

只要不伤和气，不伤大雅，不伤身心。

现在我感觉，我也拥有一颗年轻的心了！

因为我懂得如何去对待学生的错误，不能光靠板着脸，严厉地呵斥或施与惩罚。

由此，我想到了陶行知"包容"学生的教育事迹和思想。陶行知当校长时，发生过这样的事：男生王友用泥块砸自己班上的男生，陶行知当即喝止了他，并让他放学后到校长室去。

放学后，王友早早站在校长室门口准备挨训。而陶行知却掏出一块糖果奖给他，原因是他按时来到了办公室，而自己迟到了。掏第二块奖给他，原因是当听到喝止时，他立即住手，很尊重老师。掏第三块奖给他，原因是（据校长了解）他正直善良，是为了跟欺负女生的男生作斗争。

王友感动了，道出一句："我砸的不是坏人，而是自己的同学啊！"

是啊，当一个孩子被宽阔的胸怀所包容时，他内心产生的是深深的感激和强烈的震撼，那将会使他终生难忘。

作为一个教师，我确实应该认识到，学生是正在成长的尚不成熟的个体，要以科学的态度对待学生在学习中可能出现的各种错误，要从发展的角度发现和理解这些"错误"的某方面价值。

教育孩子又何止只是在班主任工作中。我们作为一个普通的教师，有没有想到在课堂上"不让敢于发言的学生带着遗憾坐下""让每个积极发言的同学都画上满意的句号"……

当我们作为一个普通的家长时，你有没有想到当孩子犯了错误，允许他改正？孩子年轻的心灵需要包容！

第六节　亦师亦友共成长

"学生人人有导师，教师人人是导师"。导师制起源于14世纪英国的牛津大学，是建立在充分尊重学生个性发展的基础上，针对独特人才进行培养的精英教育模式。导师制更多的是能结合学生个性发展的需求，给予学生学习、实践与心理的个性化指导。学校开始全面开展全员导师制，倡导"人人都是德育工作者""人人都是家校沟通协调者和家庭教育指导者"的育人理念，体现的是全员育人、全过程育人、全方位育人的现代教育理念，体现学校"让每一位师生都精彩"的办学理念。学校倡导老师们能成为学生的"良师益友"，能做好"家校沟通"。"导师制"活动的实施是对传统师生关系的一次重大变革，是从学生的学习、思想、心理、生活、品德、人生规划等方面全方位给予引领、指导、教育和关爱。

一、镜头下的故事

镜头1——表一表心语心愿，刮一刮"神秘礼物"

"老师，我想和您一起在学校新网红图书馆看回书！""老师，我想和您一起看一部漫威的影片。""老师，我希望我的课默本满10个五角星后，能得到老师的一件礼物！""我想喝一杯奶茶。"……这是孩子们的微心语、微心愿。老师们翻开合起来对折的"心"形卡片，读着孩子们稚嫩的言语和质朴的心愿，笑了。

这边办公室，那边走廊里，这里讲台边，那里小树林边……一位老师，一堆孩子，刚刚还是静静的，各自兴奋又迫不及待地刮开"刮刮卡"；不一会儿，一阵欢呼声——"我和老师共进午餐喽！""我免一次书面作业！""我和老师一起唱一首歌！"……这是学校的导师在给孩子神秘礼物——"刮刮卡"，一人一张，里面有老师手写的一个短语、一句话，包含着老师的一片心意。

君同学刮开的大概不是自己喜欢的"礼物"，他没有欢呼雀跃。几天后，一个下午的课间，他悄悄地和我说："老师，我原来是学校的图书管理员，去图书馆的应该是我！"哈哈！真是天真可爱的一位大男孩！"如果你愿意，我们可以每周都去一回！"我也悄悄地告诉他。嘿！他又露出了他的大门牙！

镜头2——"老师，让我们互换一下午餐，可以吗？"

我看过雨姑娘的心语心愿了，她想和老师互换一次午餐。"没问题，不止一次，每周一次！"她笑得很甜。于是，每周四上午最后一节课后，雨同学便在同学们羡慕的目光下，和老师一起去洗个手，再一路走向食堂，让她来选一个主菜。

于是，她拿着教师餐，我端着学生餐，在教师餐桌的尽头，师生面对面，共进午餐。"好吃吗？""好吃！"相互品尝体验，慢慢地，我们不只是在品尝、比较，她从一开始以为老师的肯定好，到认识到学生的大餐种类还比老师多一个。我们也会说起和孩子已不在同一屋檐下的爸妈，我们也会谈起总是呵护着她的爷爷，我们也会聊到晚自修、双休日的安排，等等。

田同学、灵同学吃完自己的学生餐，也兴致勃勃地赶来看我们的"干饭"情况。我们也多了聊天的伙伴。

镜头3——"我想到我面对自己两岁孩子的时候"

刚从小学毕业进入中学的男生，竟然在同学面前、办公室里大声地哭！有时还要在地上打滚。这不是要无赖！班级老师、同学，好说歹说、批、哄，但他还是经常性地"发作"！这不，今天又犯了！

原来，他是一名特殊的孩子，母亲生下他没几个月就回到了老家云南。现在他只能在网上和母亲见面。这是一位从小缺少母亲亲密呵护的孩子！

怎么办！班主任庄老师已去过孩子家里，和爸爸、奶奶也交流过，奶奶无能为力，爸爸无心管束。

看着他不停地哭，怎么办？我想到了自己小儿子小时候不听话的时候。我想，他不懂事，但我又不能抛弃他。于是，我就像对待自己孩子那样。"小俊，我们来讲个故事好吗？""你现在再哭下去，庄老师身体也要吃不消了！""来，我们来玩一下这个折纸。"……

于是，慢慢地，一次一次，他开始安静下来，开始听话了！他说："我最开心的是在大课间和老师、同学一起跳长绳的时候！"

镜头4——我们一起比一比

教室里，一个组一个组，或一排排，或围成一个个圈。"你们先坐好，老师看看，不错。""好。今天我们总结一下哪个组进步最大。"于是，辅导课上，一对一对的同学，围在一起，或问或答，或导或议……这是班级"鹰雁工程"学习互助小组在导师指导下的互助学习场景。

篮球场上，一位导师，一群孩子，排成一排。每个队员手拿一根半圆形的球槽，一队一个乒乓球，滚动球——人跑动——连续传动——跑到——球掉地了——"快捡！""你跑过来！""槽放低一点儿——再抬高一点儿……"学校全体"鹰雁工程"学习互助小组成员及导师正在举行"球行万里"的游戏。

镜头5——母女破涕为笑，相拥重归于好

母亲在一旁沉默，孩子哭了。母亲只是善意地提醒，却招来女儿的两个耳光，母亲没有还手，也没有严厉地指责。孩子，一个成绩并不逊色的孩子，却堂而皇之不来学校上课，仅是因为离不开一部手机！母亲实在说不过孩子，也抵不过孩子，宁愿把手机拿到学校让班主任保管。班主任气不过，严厉告知学校"惩戒条例"，让孩子写保证书！原本的不以为然，原本的不屑一顾，当问及"为什么要对母亲扇耳光？你觉得你妈妈真这么可恨吗？你真有这么狠心吗？"她哭诉了起来。最终也认识到自己的错误，主动伸开双臂，对母亲说："对不起，妈妈——"母女破涕为笑，相拥重归于好。

二、反思

教师的使命是什么？是"教育"和"教学"，是"教书"和"育人"，这是身为教师肩负的职责，也是我们的价值追求。

"老师"之外，为什么还要"导师"？或许有些老师存在这样的疑惑。培根铸魂是"师之大者"，教书是手段，育人是目的。新时代的教师要着眼于成为"人师"，对学生一辈子的幸福负责。传授他人知识，作经师并不难，而能以渊博的学识和高尚的人格修养去教人如何做人，做人师就不那么容易了。

导师"导"什么？当老师和学生之间彼此陌生、有距离感的时候；当孩子的生活有特别需求的时候；当孩子缺少家人关爱的时候；当孩子还没有充分发挥出他的能力的时候；当亲子之间产生矛盾的时候……作为导师，教师就是要从思想上引导、心理上疏导、学习上辅导、生活上指导，并和其他老师，和家长们协同教导。

1. 以生为本，是师生合作的基石

成长导师制构建的师生之间平等对话的渠道，将学生的尊严和教育的终极价值相关联，始终以学生为本，让学生向着健康、幸福的人生迈进。师生私人定制卡片的彼此交流互换，便是关注学生的心声和心愿，使师生之间建立良好的沟通基础。

学生写"心语心愿卡"，给自己的导师，就是给学生与老师平等对话的机会。"微心语"，向导师诉说几句心里话；"微梦想"，向导师表达一个小小的愿望，让导师了解，并帮助你实现。导师们找结对学生合个影，留个纪念，彼此保存。导师们根据学生的不同特点，送上神秘礼物，给一位学生一句话或一个短语，贴上灰色的条，再由导师送给学生，让学生盲抽。

导师的"神秘礼物"很多来自学生的心语和心愿。如减免一项作业、得到老师一个爱的抱抱、和老师一起爬一次山、得到一个魔方、向老师学习包饺子、和老师共进午餐、和老师共读一本书、得到老师学业上的辅导、得到老师亲手制作的一个礼物……以生为本，是师生合作的基石。

2. 深入了解，是师生默契的助力

成长导师的重要职责就是要了解青春期学生的心理特点，强而有力地针对学生的特点进行个别化教育、引导，帮助他们形成健康的心理，安然度过青春期。如果不深入了解，怎么知道那位"耍无赖的男生"其实是一位从一出生就缺爱，尤其缺少母亲关爱的孩子？如果不深入了解，你怎么理解一位老师眼里很不错的女孩，却有着与母亲较劲的强大力量？如果不深入了解，你怎么知道在孩子的学业上，同伴的指导与鼓励有着老师无法比拟的作用？

几乎每一位初中生都渴望能更充分地了解自我、认识社会，以从容应对即将到来的各种挑战，期待在学业上进一步提升，向往在校园中、在个性化的引导下发挥优势潜能，实现自身的个性特长发展。

3. 爱心悉心，是师生提升的源泉

导师应悉心关注学生的思想和心理，通过聊天、讨论、学习总结、体育活动等多样形式实现零距离交流，力求做学生的知心人，帮助学生发展自主意识。导师可改变单一的指导空间，以学生兴趣爱好为出发点，将指导由室内转到室外，有时可以由课内延伸到课外，带领他们认识自我，了解自己的志趣能力，发挥自己的特长。

学校同一位导师指导的学生自动组成"鹰雁工程"学习互助小组，小组成员在心理健康、作业情况、课堂表现、值日工作、各类活动、文明礼仪等各方面互帮互助。通过"鹰雁工程"，激发学生的学习积极性，提高学生自主管理能力，培养学生团结友爱、互帮互助的精神，促进学生综合素质发展。在探索和践行"全员导师制"的过程中，我相信师生之间将愈加和谐有爱、校园将愈加温馨温暖。

在传统的教育教学中，科任教师集中精力抓教学，几乎无暇顾及学生思想、情感、价值观的发展，教书与育人的关系被生硬地割裂了。我想，导师在与学生交往的过程中，可以结合自己已有的知识经验与情感体验，大胆引导学生成长，而不是仅仅局限于单一知识的灌输。因此，爱心悉心，是师生提升的源泉。

4. 家校合力，是孩子健康的后盾

家长是学校教育的战友，是教师的合作伙伴，教师应从自己的内心深处和当下工作开始，挖掘、发现家校合作的点，深化家校合作工作，把学校教育不断地拓展开来，最大范围地挖掘学生成长的资源。

学生的成长也离不开家长的陪伴和教育。当一个家长对孩子的教育感到无力的时候，难道我们没有责任和义务吗？家校共育重在"合力"。我们应走进家庭，走近家长，多倾听孩子对家长的想法，也多倾听家长的声音，用真和诚对待家长，用严和爱对待每一位孩子，让每一位南中学子健康成长。

这是花与园丁的邂逅，这是草与阳光的接触，师生亦师亦友共成长。每个孩子都应该被宠爱，你们是我们的未来，我们用爱筑造完美，这是最好的未来！

愿我们成为学生心里的一道光，照亮学生的前行路。愿我们的一束束光，成就每一位南中学生的精彩人生！

案例　不令人得意，却充满期待——给特殊孩子的爱

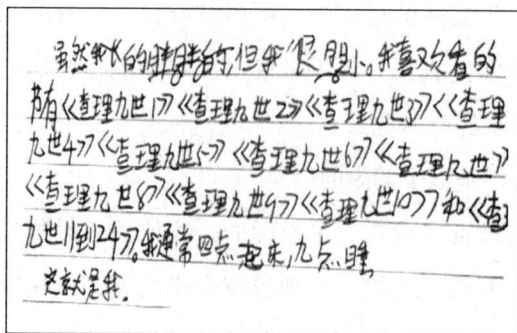

图4-6-1

这是一位男生六年级时写的一篇介绍自己的短文。一看前半段，我便知这孩子敦厚、老实，"胖胖的""眼睛小小的，单眼皮"。初看，感觉这孩子还不错。但细看后半段，这孩子还是一位偷懒的家伙。喜欢看的书有这样写的吗？纯粹是为了多凑点儿字数！

就是这位男生，八年级的他，写的作业，字龙飞凤舞，可能只有自己看得懂，属于非智力型学困生。他智力水平正常，由于学习兴趣、学习习惯、学习动力、学习态度等多方面原因，导致其学业不良，学习上产生困难，并伴有作业、默写偷看抄袭行为。

他就是我任教的八（5）班的Y同学，他的学习习惯和行为习惯不是很好，刚开始不会与别人交流，问他，跟他说话，他口齿不怎么清晰，很多时候只是笑笑。孩子的家是个父母离异后母亲再婚家庭，平时外婆经常烧饭菜来照顾他们。

他就是一个总是笑眯眯的，不愿表达，不爱学习，但基本遵守纪律，较尊敬老师的学生。

（一）拖沓的过关

好几次的古诗文背诵过关，他总是留下来的一个，再晚他也会留下。只是好几次，他总是想蒙混过关。有几次他过不了关，我只能让他回家再背。

有一次傍晚，他妈妈来接他回家，故请家长一起交流。得知孩子在家作业做得快，但不讲质量；有时，总要问母亲拿手机，拿了还赖着不肯还，还和母亲吵闹："为什么不给我玩？为什么别人可以玩？"孩子在旁边听着，自己也笑了。我总感觉孩子学习的动力不够，又有懒惰的习惯，心里真有点儿"恨铁不成钢"。

（二）一次短暂的家访和再预约

上个学期结束前，寒假还没开始时，有一次去家访。我是带着一副自己写的书法对联和两本书前去的。对联是送给他家的。两本书，一本是送给他的，里面是一个个成长小故事；另一本是借给他的，《明朝那些事儿》，因为那本是一套书的第一本，我是希望他看了一本，再借一本，一直看下去。让他在闲暇之时，少玩手机和电脑，多阅读一些有益的书籍。

这次开学后，我问他书籍的阅读进度，他说没看完。又一段时间后，他的桌上放了一本书。我一看就明白了，马上拿起，跟他说，看完了明天给你换一本。他笑了。

第一次家访，他的妈妈因病到医院去了，他一个人在家。孩子表现得非常腼腆。于是，我和他妈妈约了下一次再来。并且告知他们，下一次我要品尝到动手能力强的孩子的荷包蛋。我说，我提供鸡蛋。妈妈很欢迎，看得出孩子也乐意。

（三）再次的师徒结对

作为学困生的他，原本的同桌是语文课代表。我让他们师徒结对，那位女生课代表还有点儿不情愿，有时对他不耐烦，要吼上几句，而他本人也表现为脸皮厚，一副不怎么爱搭理人的模样。

有一次傍晚，另一位男生在旁边，似乎在等他。我忽然想到让这位男生来做他的师傅。先向师傅口头过关，然后再订正或重默。真奇怪了！好几天的过关，他不再是最后一位了。原本在老师面前含糊不清的言语，如今在同伴面前讲得挺快、挺清晰的。看来这次师傅找对了。

　　说实话，从成绩来看，这孩子的学习并没有令我得意，也没有欣慰，更多的是有点儿无奈，但充满期待。因为原本闭口不与人交流的他，也能与同学过关、沟通。原本家里没有一本像样的课外书的他，现在却经常将书放在床头柜读起来了。一个原本没人愿意认领他为徒弟的孩子，却有一个愿意等他的同伴了。

第五章

德育如歌，滋润心田

第一节　心中有座山——读《教育魅力》有感

随着时代的变迁、历史的推演，教育一直在不断创造中步步向前，教育魅力的代际传承史就如前人铸造的一座巍峨的山，一直引领着我们！

《教育魅力》一书让我在现代教师的榜样中感受到了教师魅力的影响力。在偏远山村扎根三十年的王生英，让我明白了什么叫担当；一位位普通的老师，面对孩子的缺点和错误，"不苛求或放弃"，依然如对璞玉一般对待，那种包容令人肃然起敬；"常怀履责之行，常思履责之道，常问履责之过"的李碧云、周菁、陈清华，告知我们什么叫作"仁爱"；一个普通农民的孩子走向世界，歌唱家廖昌永特意吟唱一首《老师，我总会想起你》给周小燕老师，让我感动于师爱的伟大；"走上讲台，就是用生命歌唱"的于漪老师，就是用行动在诠释着什么是"生命与使命同行"——没有供电，八十岁的于老却一口气讲了四十五分钟自己从几十年文本解读中提炼出来的种种经验。

就在那几天，我真真切切看到了，八十六岁的于老，住院半个月，每天还需吸氧几小时的她，还不忘学员们的培训学习，到场嘱咐我们"一定要做真正的思想者"，激励我们女学员"不让须眉"！……

榜样们凝聚起无穷的精神力量，如一座座巍峨的峰峦，耸立在我们面前，让我们景仰！

前人们、新时代老师们的教育魅力让我的心中重新树起了一座山。

曾经，初为人师时，我总是坚信自己会爱每一个学生，自以为肯定能做到。回想自己的教育历程，我累过、哭过、笑过、乐过；我也混沌过、顿悟过、迷惑过、挣扎过；但我深深地感到——真正做到"有教无类"，是何其难！

记得从第一年工作的第二个月开始，我就担任两个班的语文教学和其中一个班的班主任。这一带就是一届，这几年便成了我最难忘的岁月，也碰到了最棘手的偏差生，令全校领导、老师头疼的小男生。不是学习困难，而是脏话连篇，随意攻击师生，桀骜不驯。我记得在他身上也花了不少的心思和功夫，谈话交流、批评教育、耐心指导、家访，但收效甚微。最终，我觉得自己并没有感化他。若干年后的一天，那位学生却在我面前说起自己当年的不懂事和对我的歉意。

一届又一届，似乎少不了一些特殊的学生。当我读到于漪老师曾经教过行为偏差特别严重的学生，逃学两年、打群架、偷窃。于老师精诚所至，终金石为开。在于老师带完这一届学生后重病住院时，这孩子哭了，并给予老师真情的流露。

在于老师心中，每一个孩子都是唯一的。"一个都不能少"，不仅在数量上，更是在人格品质上。这是何等的不易！

想想自己，有时受了点儿小小的委屈，对学生的误解顿生埋怨，似乎自己的辛劳付出理应得到回报。

于老师的"一辈子学做老师"又一次警醒了我——当我初为人师时，我有一个梦想，成为一名德高望重的老师；若干年前，我在心里默默地想过，要成为像于老师那样的老师。今天，我知道，我不可能成为于老师那样的老师。但我心中正装下一座山，这座山有前人富有魅力的教育理念和实践，更有现代教师的风采，也重新装下了我初为人师的梦。

第二节　爱的践行——《优秀教师的九堂必修课》阅读体会

"大爱厚生"是优秀教师的必修课之一。"教育就是爱，爱就是教育。""世界上，优秀的教师各有各的优秀，但是有一点一定是共同的，这就是拥有爱心。"现代教育家夏丏尊先生说，教育里没有了爱，就好比池塘里没有了水。在实际工作中，高万祥老师提出"爱学生就要了解每一个学生，相信每个学生，尊重每个学生，友爱每个学生，教好每个学生"。

确实，爱需要实践，爱需要坚持，更需要反思，也需要享受。

一、爱，流淌于教学实践的点点滴滴

在实际教育中，让我感触最深的是对学困生的教育，我认为创建良好的师生关系是首要的，而良好师生关系的前提便是"大爱厚生"。

我在语文教学实践中尝试和谐师生关系的创建：

1. 利用皮格马利翁效应，增加教师对学生的期望

在语文教学实践中，我第一次认识他们是成绩单上的十二只"红灯"，而且有几位学生只考了二三十分。但我告诉他们：相信你们的潜力，我希望看到进步。第一次月考，有四人"红灯"变"绿灯"。我深深地记得，有一位男生拿到试卷时眉开眼笑地大声说："我终于破天荒地及格了！"

有的学生学习目标不明确，对自己期望过低，有一种自轻自卑的心理，表现在学习上就是厌学。在这种情况下，往往需要教师有更大的耐心、更多的关心和较高的期望，避免学生因厌倦一门功课而导致不喜欢上课，不喜欢教师，造成师生关系紧张，影响教师的教学。在这一点上，教师对待学生的期望应该像对待自己的孩子一样迫切，就会做到严而有爱，让学生感受到教师的关心和爱护，就会在密切师生关系的基础上搞好教学活动。

2. 抓住各种契机，赞赏唤醒学生内在的求进意识

学困生一般学业成绩较差，在学习上屡遭失败，常受到家长的责备、教师的批评、同学的冷遇，因此他在学习上就会悲观失望，自暴自弃，学习对他们来说便是一种沉重的负担，根本谈不上兴趣爱好。而语文的学习从小就开始了。学生的基础虽差了点儿，但只要愿意去学，还是很容易学到知识的。

因此，在教学中要抓住一切可激励他们的机会，赞赏他们。还记得一个背古文的事。S同学从不背书，以前上课总坐在最后一排——远离大伙的位置。刚开学不久，我无意间给他一个提醒：你行吗？争取第一个来背书。看他的眼神，有些疑惑。不到半天，他果真来背书了，而且背得出乎我意料地快。我在他的书页旁立即写上一个"背"字和"NO.1"，只见他欣喜若狂。当我在第二天当着全班同学的面给予"第一个主动背书者"奖励时，同学们震惊了，他却显得很脑腆。

之后，每次测试前几名的、进步快者、红灯变绿灯者、学习态度主动积极者、一分钟演讲准备充分者、当堂作文终于写成一篇完整的文章者……成了我表扬奖励的对象。学生学习的积极性更高了，成绩更进步了，与老师更亲近了，教与学更愉快了。

我深深地感悟到：教师要学会赞赏每一位学生。赞赏每一位学生的独特性、兴趣、爱好、专长，赞赏每一位学生所取得的哪怕是极其微小的成绩，赞赏每一位学生所付出的努力和所表现出来的善意，赞赏每一位学生对教科书的质疑和对自己的超越。

3. 以通俗而带有哲理的故事启发学生，调动学习积极性

学生平时学业忙，看书少，但对于那些通俗而具哲理性的故事很感兴趣，也能受到启发。

刚开始，当学生对自己的未来感到迷茫时，让学生敢于梦想。就列举一个调皮捣蛋的顽童，因坚信只要像校长期望的那样坚持自律就能成为州长，最终真的成了美国一个州的州长。

当学生碰到困难想要退缩时，就告诉他们一位成功管理者的故事。讲他如何从机械的洗瓶子开始，坚信自己"认真做一件事，能把事情做成；尽力做一件事，能把事情做好"。

在平时的教学中，经常性又适时地穿插一些故事，让学生明理，然后朝目标努力，充分调动他们的学习积极性，发挥出潜能。

4. 学校家庭相互配合，增强凝聚力

家庭是一个很大的支柱。通过电话、书面、教育孩子经验书籍的交流等方式，连接彼此沟通的桥梁，形成教育学生的合力。

Z同学，父母离异，母亲工作忙，无暇顾及她，她自感无人关心自己，与社会青年混，与母亲经常吵架，彼此不理解、记恨、不信任，关系十分糟糕，致使学业不稳，上学也无规律。

对此，我分别与他们交流，同时借给他们知心姐姐卢勤的书籍。

给母亲一本《告诉孩子你真棒》，给学生一本《告诉世界我能行》。之后，他们渐渐地改变自己，影响对方。该生的学习状态稳定了，成绩也进步了。

其实，面对每一届不同的学生，每一个不同阶段的学生，要教育成功谈何容易，学生语文学习的表现，由他的内在认识、动力所决定。很多时候需要由内而外地感化，才能让学生真正主动走在正轨上。

处理好师生关系，使师生之间存同去异，教学相长。当然，和谐的师生关系不是一朝一夕就能构建的，它是教师艰苦劳动的结果。最重要的是，教师要有爱心，并以此感染学生。只有对学生倾注了感情，才能获得学生的信任和尊重。"三人行，必有我师焉。"挖掘学生身上的向师性因素可以强化、激励学生的自尊心，也能使师生关系更融洽，为师生合作打下基础。

二、爱，没那么简单

有爱就能处理好师生关系？有爱就能教好书？爱，没那么简单！

一次，刚接手一个班级。班中的S男生让老师和家长感到非常头疼。其实，该生刚进初中时我就略知他的一些情况。学习不好好学，生活习惯很差。生母早与父亲离异，他与父亲和继母一起生活。继母对他的现状感到焦虑。如今改观不大，有些行为表现更突出，作业不肯做，做也马虎应付；回家拖、吃饭慢、不讲卫生等，令家人不满意的事很多。

一个月不到，我打算周六去家访。跟孩子说好时间，与家长打好招呼，家人因工作要晚点儿回来。结果我吃了个闭门羹。门铃摁了没人开，家里电话打了没人接，抬头叫了无人应。联系家长，家长说刚刚打家里电话还有人接！这让我纳闷了好一阵子，孩子确实在家里！

关爱学生，不只是靠一份热情，不只是靠一份真诚，更要有一份智慧！一段时间的校内交流沟通后，再去孩子家，孩子开始热情地倒茶了。

第三节　有效践行——读《请给我结果》后有感

姜汝祥先生写的《请给我结果》改变了我对问题一贯的看法，让我从一个新的角度来审视问题本身，真是受益匪浅。

感想一：只有行动才能出结果

"坐而言，不如起而行。"结果来自行动。虽然行动不一定有结果，但不行动一定是没结果的。无论你如何思考，无论你思考了什么，也不论你思考的水平有多高，都不能通过思考获得结果。结果永远只能从行动中获得，不可能通过思考获得。执行是最基本、最本质的东西，想要结果，先要行动。坐着不动，永远也不会进步。执行就是要结果，一个差的结果也比没有结果强。0.1永远大于0。不要盲目地追求完美，先要行动，用行动来修正结果，让它尽量完美。不要犹豫，立即行动，速度制胜！行动就会有收获，行动就会有结果，但快速的行动更能保证得到想要的结果，"先开枪，后瞄准"，不要为了瞄准而错过射击的目标。

对于这一点，我不仅告诫自己，更提醒我的学生们，尤其是以待在全校师生眼里所谓的"问题班级"为羞耻的他们，他们内心也有美好的梦想，但行动力不够，或意志力不强，或成就感不足。如何改变自己，彻底重塑一个全新的自己？往往想多于做。

于是，我试图让他们明白并相信——没有失败，只有暂时停止成功。当期盼成功到来时，我们要学会面对失败。既然失败是成功之母，要获得成功，那就先拥抱失败吧。成功是每个人的目标，但是事实上，没有永远的成功，人不可能不失败，失败是所有人都无法回避的。我们要有能够把失败转化为成功的能力。爱迪生为了寻找灯丝，实验了数千种材料都失败了，但他还是满怀信心地说："我知道了，有数千种材料不适合做灯丝。"拿出勇气，善待失败，为了成功，决不放弃。当你遇到困难时，当你面对失败时，要想办法爬过去，超越过去，即使撞倒它也不要回头！

冬天来了，春天还会远吗？失败来了，成功还会远吗？努力过后，结果就在前方！

感想二：执行是要求结果，而不是完成任务

我受启发于其中一个模拟测试，即总经理要秘书安排会议。

一段秘书做法：发通知；

二段秘书做法：还抓落实，打电话了解参加情况；

三段秘书做法：还重检查，预知缺席情况；

四段秘书做法：还勤准备，另外准备好测试工具，会议室门前贴好纸条，告知使用时间段；

五段秘书做法：还细准备，另发所需资料；

六段秘书做法：还做记录，允许时，做一个录音备份；

七段秘书做法：还发记录；

八段秘书做法：还定责任；

九段秘书做法：还做流程。

对结果的追求程度不同，秘书的工作内容也发生了很大的变化。九段秘书不但能够完成业绩，同时能够成为典范，并最终成为企业价值链中标准的一环。就像书中说的一样："劳动是不值钱的，只有劳动的结果才值钱。也就是说，功劳是价值，苦劳却不是价值。"

教师平时的工作又何尝不是这样。对于眼前的工作，如果只是抱着应付、完成了事的态度，就难以把工作做出色。这使我想起一位总裁感慨于自己的经历时说过的一句话：认真去做一件事，能把事情做成；用心去做一件事，能把事情做好。备课、上课、改作业是这样，找学生谈心，做学生思想工作亦如此。

完成任务不等于结果，"做不做，态度问题；做好做坏，能力问题"。这是大家在日常工作中去完成任务时的心态。认为只要我去做了，我就没有责任了。自己最少是没有功劳，也有苦劳。完成任务本身只是一个过程，而我们要的是结果。我们必须把完成任务和得到结果区分开来，不能有当一天和尚撞一天钟、得过且过的想法。要知道上级把任务交给我，他不是要看我如何去做，他要的只是我完成的结果。如果得不到结果，也就没有任何理由和借口为自己的无能辩解。只要结果，不要借口。认准结果，努力前进，就一定能得到它。心态创造行动，行动创造结果。

结果心态是一种积极主动的心态。结果心态要求不要把眼光停留在结果上，不要把心态局限在单位给你的回报上，这样不能够帮你改变现状。要把眼光放在创造结果上，要把心态放在如何为单位创造更多价值上。有了这种心态，命运就从此掌握在自己手中。结果心态不是想要，而是一定要。因为在面对结果时，需要一个"一定要实现"的决心。为了结果，要坚持信念，勇敢面对，永不放弃，一定要见到风雨过后的彩虹。

感想三：要学会让时间守恒

工作时间有限，必须提高效率。因此，永远要做重要而不紧急的事。

有人对人生做过统计，在一个人73岁的一生中，睡觉21年，旅行6年，工作14年，排队6年，个人卫生7年，学习4年，吃饭6年，开会3年，打电话2年，找东西1年，其他3年。

真正你能好好利用的时间有多少？很有限！

如今，上课的时间减少了，但自己自由支配的时间依然很少，有时甚至没有。到底谁偷走了你的时间？似乎总在做紧急的事情。时间真的需要合理科学地分配。

效率研究专家艾伊贝·李给了美国史卡鲁钢铁公司的总裁查鲁斯一个时间管理的建议。结果，查鲁斯因为这个建议给了艾伊贝·李一张价值2.5万美元的支票。

艾伊贝·李的建议是：

（1）不要把所有的事情都做完；

（2）手边的事情不一定是最重要的事情；

（3）每天晚上写出你明天必须做的事情，按照事情的重要性排列；

（4）第二天先做最重要的事，不必去顾及其他事情，第一件做完，再做第二件，依此类推；

（5）到了晚上，如果你列出的事情没有做完也没关系，因为你已经把重要的事情都做完了，剩下的事情明天再做。

由此，我想到了，有效的管理，是用组织、制度和文化来实现执行，通过一套组织、程序来约束行为，用文化内在地改变观念。这也是时间的管理。

做事，要有结果意识，必须为结果负责！

第四节　坚持和舍弃——读《激励教师的80篇心灵美文》有感

《激励教师的80篇心灵美文》的一篇篇文章如一碗碗心灵鸡汤，让我备受启发。其中一篇《懂得选择，学会放弃》，更让我想到从事教师职业的选择和放弃。

文中有这么一句话——"人生的每一次选择都只有一次机会，所以选择的同时也就意味着放弃……选择和放弃就像同胞兄弟一样如影随形。"因此我觉得，我要学会坚持和放弃。坚持该坚持的，放弃该放弃的。

"选择教师，就是选择了高尚""做教师就是做优秀的中华民族一分子""高尚，人人都可以做得到"……于漪老师的这些话，似乎对教师有着很高的要求，其实却透着于老师对民族教育的一份深重责任和对教师们满腔的期望。

于老师自己也是这么做的，她坚持着做人师的理想和原则。汉代韩婴在《韩诗外传》中说，什么人才能够做人师呢？做人的老师，他必须具备这样的条件，就是"智如泉源，行可以为表仪者"。"智如泉源"，就是你的智慧要像泉源一样；"行可以为表仪"，就是你的思想言行能够做别人的榜样。

于老师的智慧来自她对价值观的坚持选择。于老师在言谈中时刻都在阐述着这样一个理念：面对学生，教师时刻都要学会选择。因为教师的一举一动、一言一行时刻都在影响着学生，所以老师选择什么样的言行也等于在选择自己的价值观。唯有严于律己，勤于学习，才可能站得高，看得远，才能树立起正确的人生观和价值观。

于老师坚持着勤奋与执着。于老师几十年如一日，从教育学专业改教历史、语文，用她的话说是隔行如隔山，但她硬是以自己的勤奋好学、善学为自己积淀出丰厚的文化底蕴，以自己的执着不停地跋涉在寻梦的路上。她放弃了自己更多的休息与名利。她足以成为我们的榜样、楷模、标杆！

那么，我该有怎样的坚持和放弃呢？

当班级里有拖后腿的学生作业没有完成，或默写一塌糊涂时，我的一些言语过激了。我没有好好深入思考其中的原因，了解学生真正的困难，怎样激发他学习的动力，怎样启发适合他学习的方法，怎样分层布置作业，怎样因材施教地教他……

我可以坚持像于漪老师那样"每日三省吾身"——像不像个人？像不像个老师？是育分还是育人？

我可以放弃学生不完成作业似乎不尊重老师的所谓的尊严，可以放弃有点儿缺乏理性或身份的言语，可以放弃内心牵肠挂肚的一次次测试的分数。于老师也说"教育，不是你个人成名成利的工具"。

当自己班级学生的《校本作业》练习、单元卷不及别的平行班做得多、讲得多时，很多时候我会着急。当课堂上与孩子交流投入时，我冷不丁也会冒出一句似乎很时尚的话语。我大可不必这样着急，我大可不必这样"讨好"学生。

我可以坚持扎实解读文本、激发学生、到位预习作业、有效师生沟通、良好学习习惯的培养。

　　我可以放弃碎片化的知识的学习，我可以放弃所谓的教育时尚。因为"教育教学的自信力是建立在自己的教育教学人生目标的基础上"。

　　当我在教一篇自己喜欢的课文时，总觉得时间不够用，总觉得还有很多东西没教给学生。殊不知我关注太多的是自己，而不是学生。课程教改的核心理念就是"以学生为本""以促进学生的发展为本"。

　　我可以坚持"教育是成长而不是成功"的理念，我可以坚持"授之以鱼不如授之以渔"的学法指导，教懂学生，教会学生，让学生自主学习，学会学习。

　　我可以舍弃自己查阅的、理解的很多的知识教授。学会割爱，才能"强主干，删枝叶"。

　　当学生平时在图书馆借的书或家里带来的书，在课间被老师没收，并规定校内不许拿出来，只能在家里看时，我并没有强烈争取。当我工作、生活琐事缠身时，总冷落了桌边、床边的欲读书籍。

　　我可以坚持在有阅览课的那天，让学生大大方方、大摇大摆地将书拿进校门和教室。我可以经常介绍名著，我可以让学生养成每天睡前阅读的习惯，我可以在每一堂语文课前让学生介绍自己所读的书。

　　我可以坚持按自己的读书计划去读，我可以坚持每次读完后写读书笔记，我可以坚持与孩子们交流分享。

　　我可以舍弃过分照顾反对读课外书同事的面子，我可以舍弃当天未讲评完的作业或未讲完的课。我可以舍弃一部影片、一个热门电视剧，我可以舍弃与微信朋友圈过多分享的时候。因为"读书，是人独有的神圣权利"。这篇文章让我回想起自己走过的教育之路中的坚持或放弃。

　　我的语文教育教学经历告诉我：不管我有多少放弃，总要有一个坚持。那就是"学做人师"，让前辈们伟大的人格魅力时时激励我、鞭策我在自己的工作岗位上不断努力，不断反省，不断前行。

第五节　坚守追梦——读《月亮与六便士》

在作家毛姆笔下，有这样一个人物，当讲述者问他，为什么要放弃自己原先的生活，离开自己的家庭，他说："我必须画画。这可由不得我。"一旦认定了自己想要做的事情，明确了自己的追求之后，放弃一切都要前行，那就是《月亮与六便士》中的主人公斯特里克兰。

对于斯特里克兰来说，安逸的生活已经不再适合他，因为在他的心中会不断地生出一个想法，那就是去做他想要做的事情。随着时间的推移，这个想法在他心中不断地滋长，生根发芽，直到有一天再也压制不住，他最终选择了去追求自己想要的生活。

毛姆刻画的这个形象不断地告诉我，不要忘记了自己曾经的梦想，那其实有值得被实现的价值。

语文教学几十载，一路耕耘，我似乎总在患得患失，匆忙走过，有时忘了抬头去看看头顶的月亮。

曾经，在语文课堂的开始，让孩子们成为主人。每节语文课前，讲台前的一位学生演讲者，黑板一角的"每日一拼"，教室里传递的一本含内容、评分的"语文课前演讲本"，已成为一种习惯。主题从成语小故事，我最喜欢的一句话、一首诗、一段文，到名著分享、最有感触的身边一事等。课堂的小阵地成了孩子们课外听说读写的延伸。

但，每到阶段、期中、期末考试或初三复习，某个学生准备不充分了……时间似乎不够了，于是暂停了，或似乎忘却了。

其实我们可以坚持，在云端课堂，在九年级毕业班的语文课，重启了"课前演讲"，一个不落！虽然语不惊人，却是真诚分享！那是教师的坚守！

曾经，探求读写结合。以课堂为主阵地，以课外阅读为辅，通过读写训练，以读促写、以写促读，使学生的思维得到发展，读写能力得到提升。

于是，"循环日记"的尝试开始了。学生以小组为单位，自主习作、评议修改、习作展评，评议时家长老师一起参与。根据课文单元主题，写我，写你，写老师，写读某一本书，写运动经历，写读后感，写考试的感想，等等。学生在学了第五单元"动物世界"《松鼠》等文章后，他们写自己喜欢的动物。如某一小组以"我最喜爱的小动物"为专题，接龙写。有的写《猫》，有的写《茶杯犬》等，学生、家长和我一起参与点评。

在学了第八单元"小故事，大道理"后，他们也学写寓言故事。如续写寓言故事《猫和老鼠》，从第一位写到第五位，饶有趣味。正如某位家长点评的那样："五个可爱的小精灵，演绎了五场猫和老鼠的不同故事，让人忍俊不禁。"

"循环日记"的尝试，让学生在学写中把握读写动物文章的基本思路和方法，从课内的读，到课外的观察和写作，学生提升了多方面的能力。

曾经，集合学生一学年的平时作文，修改成册，让学生自己设计封面，最终排版打印成一本班级学生作文集……

曾经，探索比读的朗读教学。在音读、意读、情读、悟读中比读。读中学品、读中学写……比读的引导和训练培养了学生的学习兴趣，培养了学生语感，发展了学生思维，深化了学生审美能力。

曾经，在语文课堂教学之余，和同学们一起练钢笔字、毛笔字，给他们每人一本我初学书法的"灵飞经小楷"。于是有了优秀作品版本的设计、展示，新年前的挂历书法互赠……

曾经，探索语文教学中的情感教育，挖掘情感教育的因素，探索对学生实施情感教育的途径、策略。

曾经，让语文教学生活化，带领孩子们一起去摘棉花，一起学包饺子，一起社会实践，关注孩子的生活困惑，走进学生的内心……

夏日里，新课程标准的风吹来了，让我觉得教师更需要以学生为本，向教育立场转型。在每位教师的心中，我们都会有自己想要做的事，只是太多的原因让我们无法坚持。或许是因为六便士，又或许是我们自身就缺乏勇气。

问自己，是否低头去看满地的六便士而忘记了抬头去看头顶的月亮？

为什么我们不能在获得六便士的同时，好好地去仰望一下月亮呢？

也许我们并不能做到像书中的斯特里克兰一般为了梦想放弃所有，但是我们也能够选择让自己在生活里按照自己的想法去生活，忠于自己热爱的事，有理由去坚持。

我相信，在追梦路上，你走的每一步都算数。浅浅喜，静静爱，最终深深懂得，淡淡释怀。

第三篇

德**才**兼备，孜孜以求

第六章

学科德育，潜心育人

第一节 "一枝一叶"总关情——初中语文 教学中的德育渗透初探

"文以载道，道在其中。"中学语文教材包含着丰富的优秀传统思想和哲理。没有语文，德育像是没有绿叶的枯枝；没有德育，语文也只是干涸的河床。语文中有德育，但语文本身并不能代替德育，语文只是渗透德育。《义务教育语文课程标准》中指出，语文课程的基本特点是工具性与人文性的统一。因此，在语文教学中，教师应坚持教文育人，让学生在学习语言知识的同时，充分享受语言美，感知语言的形象美、内涵美、思想美，进而体验美；使学生的思想情感得到净化、陶冶，使学生树立正确的人生观、价值观。

语文特级教师于漪指出："语文学科进行德育、美育，不是脱离语言文字训练另搞一套，而是要做到语文训练与思想道德教育统一。也就是要紧扣语文学科性质，引导学生在学习语文的过程中提高思想认识、道德修养、审美情趣；在领会思想内容的同时，加深对语言文字的领悟，培养语文能力。"

语文教材是悟情明理的依据，教师只有对教材钻得深，吃得透，深入挖掘教材中固有的德育因素，才能首先被其思想内容所感染，所激动，从而最先进入角色，教学才能做到以情动情，以情明理。

"语文教材选入大量文学作品，正是因为文学即人学，文学作品中充溢着人的生命关怀、情感体验、审美意趣等。这些都是其他类别的文章所欠缺的，也是其他学科的内容无法取代的。"教师必须认真地挖掘课文中的德育因素，尤其是一些情感因素，分析体味，披文入情，交相渗透，达到最佳的融情效果。经过教学实践和教学探究，发现不同的课文具有不同的情感，而它们又蕴含在不同的字里行间，藏在不同的段落和人物形象中。

在多元价值并存的时代，既要求在语文教学中进行多元价值的认同与维护，树立一种开放的道德教育观，培养学生主体的道德人格，又要求对学生进行普遍价值的教育，培养学生普遍的社会道德。在语文学科渗透德育的实施过程中，老师要充分利用教材，发掘出教材的人文教育功用。语文教学德育渗透，"一枝一叶"总关情，贯穿其中的有学生责任感和自强不息精神的教育、继承与弘扬中华民族优秀文化与革命传统教育、人格养成教育、生命教育。

一、挖掘扩充，激发家国之情

语文教材中的语言文字并不是孤立存在的，而是有血有肉、富有情感的。教学活动中围绕教学主线有机地穿插引入与课文相关的学习内容，或知人论事，介绍背景；或扩充知识，积累素材；或由此及彼，铺垫蓄势。有效扩充知识容量，积极拓展学生思维，努力激发学生家国情怀。很多文章在语言文字的表述上，在创作背景中蕴含着深刻饱满的写作意图和情感。引导学生确切地把握作者在创作时的情感，对作品的思想性和艺术性的品位就会深刻具体，学生学习的积极性就更高。教师可以在语言文字的阅读比较中，主动挖掘教材中所蕴含的创作背景因素，通过教材内容引发学生相应的情感体验，培养学生正确的价值观。

【课例】《我爱这土地》

文章的语言美，不一定表现在辞藻的华丽上，而往往表现在那些能够准确生动地表达作者思想感情的形容词、副词或动词上。只有把握了它们，才能走进作者的情感世界。

在教学《我爱这土地》这一诗歌时，我充分联系写作背景，多处运用比较阅读，在语言文字的比读中，让学生体会艾青炽热、真挚的爱国之情。

我让学生比较阅读这鸟儿所深爱的土地。

原句：这被暴风雨所打击着的土地。

比较：这土地。

比较：这被暴风雨打击的土地。

比较：这被暴风雨所打击着的土地。

师：这"土地"前面的"暴风雨""打击着"指什么？为什么要用这些词语修饰？你从诗歌的哪里可以了解到？

（学生找寻一会儿，有学生找到了。）

生：诗的最后有一行字！

师：读。

生：1938年11月17日。

师：这是什么时间？

生：是这首诗的创作日期。

师：我们齐读这个日期。

（师生齐读。）

师：大家知道在那段时期中国这片土地上发生了什么事吗？（同学

在下面回答"日寇侵华""那是抗日战争时期"。）那就让我们一起来看几幅图片。

（PPT先放出一张中国地图，1938年被日军侵占的地方打上了黑色的阴影。紧接着投影三张日军侵华的照片。第一张是日本兵活埋中国百姓的照片，第二张是衣衫褴褛的妇女吃东西的情景，第三张是一位妇人蜷缩着身子倒在地上。）看着这些图片，学生表情凝重，有的皱眉，有的发出感慨之声。

师：现在大家是否能解答刚才的几个问题？（再让学生比较阅读体会。）

其中，"暴风雨"象征日寇的欺凌。"着"字强调正在经历。在比读中，学生感悟到：这被暴风雨所打击着的土地，写出了这土地正在遭受暴风雨的打击。这土地是繁衍着中华民族的祖国大地，被暴风雨所打击着的土地是正在遭受日寇欺凌的祖国大地的象征。

随后——比较阅读原句"这永远汹涌着我们的悲愤的河流""这无止息地吹刮着的激怒的风"和去掉定语以后的短语。在读的时候，哪里读重音，哪里语速应该缓慢些，声音低沉些，学生也能很好地把握了。

在比读中，学生感悟到：后两句都象征着中国人民不屈不挠的抗争精神，诗人通过大量的修饰语不断对这份精神加以强化，体现强烈的抒情色彩。在比读后再指导学生朗读这些句子要充满愤怒和反抗精神，我们应该用悲愤的语气来诵读，语速慢，语调沉。"打击""悲愤""激怒"宜重读。

思考：《我爱这土地》创作于抗日战争时期，诗人艾青以鸟自喻，歌唱自己所热爱的这片土地。尽管那是一个山河破碎、国土沉沦的悲壮年代，但是诗人并没有因此而绝望，他在黑暗中仍满怀希望，并巧妙地借用鸟儿的死去来表现自己愿为祖国奉献一切的决心。

学这首诗，激发学生的爱国热情是关键，没有这份情就不可能理解艾青的思想。充分运用文中最后一行的创作时间，紧密结合写作背景，运用媒体资料调动学生多种感官传递信息，拓宽课堂的时空，将文本内容具体化、形象化。在此基础上，帮助学生更有效地理解课文，从而更准确地阅读比较。写作背景的展现，为学生铺路架桥，调动他们内在的爱国情感，体会着诗人的思想感情。由此准确把握生动表达作者思想感情的形容词、副词或动词，走进作者的情感世界。

挖掘背景，在拓展比读中，充分感受到诗人艾青敢于用由一系列"的"字组成的长句来抒发缠绵而深沉的感情，喜欢在所描写的对象前面加上大量的形容词和修饰语，以展现对象的神采风貌，形成一种特殊的立体感和雕塑感。描写这些对象时达到了穷形尽相、淋漓酣畅的地步，那是诗人艾青特有的土地情结呀！那是艾青在国土沦丧、民族危亡的紧急关头，向祖国捧出的一颗赤子之心哪！比读中，读出爱国深情，炽热、真挚，波澜起伏，层层推进。

二、聚焦细节，感悟生命情怀

语文教学中渗透德育，可以聚焦文本细节。作者的思想感情和观点总是隐含在词句之中。因此，教师在语文教学中，应引导学生剖析和品味课文的词句，借以挖掘其中蕴含的思想内容，可以较好地渗透品德教育。教师需要聚焦文本中的细节，引导学生在细枝末节的语言文字中品味蕴含的情感。

作品的情感往往蕴含在对比和变化的细节中，没有对比就没有艺术。在教学《秋天的怀念》一文时，我采用"课中比读"的方法，通过多层比读，品味朴实文字中的真情。感悟细节中的对比和变化，归纳提升，感悟生命情怀。

在《秋天的怀念》教学中，三次聚焦"看花"事件，关注细节并思考比较，提炼与关键细节相关的叙事背景、人物表现，感悟人物情感，由此感悟生命情怀。让学生读第1—2节和第3—5节，思考：两个片段都有看花这个事件，儿子和母亲各有什么表现？他们各自的意图（或动机）是什么？作者想表达什么？

让学生读最后一节，思考：作者在妹妹的帮助下主动看花，此处与前两个片段中的"看花"有什么不同？又有什么内在联系？作者想表达什么？

一个个的细节比读，学生明白了。第一次聚焦"看花"这件事，当时的"我"只是双腿瘫痪，"暴怒无常"，而母亲面对的是死亡，还要面对儿子的自暴自弃，但是母亲每次都悄悄地躲出去，当一切都恢复沉寂，又"悄悄地回来"。"这一动一静"的对比彰显了母亲的生命态度：面对苦难，要坚持活下去，且要活得有价值、有意义。

第二次聚焦"看花"，母亲再次求"我"，而"我"的表现是有所松动。两者的表现之间依然是强烈的对比。"我"显得漠然，母亲却喜出望外。"一冷一热"的对比凸显了"我"在母亲心中的地位之重，"我"厌世轻生的念头将她折磨至深，她无比迫切地希望点燃"我"的生命火焰。

第三个聚焦"看花"，与前两个片段中的"看花"形成了"一迷一悟"的对比，呈现了作者情感的转变，从前面的暴怒到顶撞，到漠然，到悔恨，到结尾处彻底觉醒，改变了生命态度，要振奋精神，报答母亲的爱。

作者朴实无华的文字背后那浓得化不开的深情，就是让学生在细读文本中去舔舐秋天里的酸苦，去细品人间真情，从中感悟蕴含在字里行间的那份毫不张扬的母爱，引发对生活态度的积极思考，关注对"好好儿活"意义的探寻。

语文存在情和意，学生的"得意"与"得情"往往与"得言"和谐统一，相得益彰，这就需要老师深入钻研教材，充分发挥祖国语言文字特有的感染力和说服力，做到教好文，育好人。

三、读写结合，激发人文情怀

立足教材，倚重阅读，充分发挥每篇课文的作用，有目的地选择经典文章或语段，让学生品读、理解、揣摩、赏析，体验和感悟祖国文字之精妙、景物之丰美、人情之伟大。通过仿写、续写、扩写等训练，一方面解决了学生"有话不懂得写"的缺憾，也塑造了学生美好的心灵。教师将读写训练与思想教育有机地结合，往往会激发学生人文情怀，收到事半而功倍的效果。

如充分运用富有真情实感的经典例文作为学生习作的范文。语文教材中的每一篇习作训练都有深刻的德育内容，指导时，要引导学生分析习作要求，弄清写作目的，利用习作训练培养学生坚强品格、崇高理想以及正确的审美观点等。有时，老师的下水作文，也会影响并激发学生的创作欲望和美好心灵的表现。

在教师节来临之际，师生共同回忆《在那颗星子下》的动人之处，我在同学面前读写给老师的信和我的回信的部分内容；学生们交流分享自己与老师的难忘情景，然后写作。

在这样的阅读交流中，学生们不仅认识到师恩深深，更使师生间的情感得到了沟通。学生们了解到老师对自己老师的尊敬和怀念，以及师生间的情谊永存。于是，学生们道出了对自己老师的真情文字——"您竟为我的作文打了92分，并且让我站在讲台前把自己的作文读给在座的同学听。我一站上讲台，就不知所措，心跳加速，神情很尴尬。无意间，我抬起头，看见了您赞许的目光，我感到有一股强大的力量在背后支持。""于是，我每天的必修课就是看信箱，想先把信拿出来，提心吊胆过了一星期。没见到信，我心里却有一丝失落。没想到第二天，您一早就在教室门口等我，塞给我两本书，一本是《寻找自己》，一本是

《假如给我三天光明》。书的扉页上，您整齐地写上了赠言：愿自信伴你一路！"

我结合经典例文触动学生一颗颗真诚的心，不用说那溢满真情实感的文章了。

总之，在语文教学活动中，德育渗透是一个广阔的空间。只要细心发掘德育元素和学科教学的最佳结合点，抓住每一个德育教育渗透点，抓住语文学科核心价值观，让学生潜移默化地受到熏陶。语文教学中，要重视文道结合，有机地渗透思想教育，把思想教育渗透于教学全过程，熔知识传授、能力培养、智力开发和思想情操陶冶于一炉。实践证明，在语文教学中渗透德育，以生为本，"一枝一叶"总关情，才能更好地发展学生的智力，滋养学生的精神，塑造学生的心灵。

第二节　浅谈语文教学内容的价值导引

教学内容不仅包括教材内容（素材内容和编排），而且还包括了引导作用、动机作用、方法论指导、价值判断、规范概念等。

语文教学内容则是教学层面的概念，从教的方面说，指教师在教的实践中呈现的种种材料及所传递的信息。它既包括在教学中对现成教材内容的沿用，也包括教师对教材内容的"重构"——处理加工、改编乃至增删、更换。

我认为，语文教学内容的价值导引应着眼于学生的发展，关注他们的障碍点、兴趣点、发展点。

"新语文课改的突破点之一，在目标定位时要着眼于学生的兴趣点、障碍点、发展点，要从学生的需要出发，解决学生的实际问题。"这是市教研室步根海先生在"《上海市中小学语文课程标准》解读"中提出的。从语文课程来说，"以学生发展为本"，就是要充分关注并发掘学生的潜能，要引导学生通过已知来认识未知，也就是让学生在学习过程中不断地唤醒沉睡的记忆，不断地探求、体验、感受、认识新知，使语文课改适应学生的发展。

一、着眼于学生的实际，在课堂组织教学中充分挖掘文本的价值取向

语文课程标准提醒我们，应该重视语文的熏陶感染作用，注意教学内容的价值取向。

同时，一堂课、一阶段的课，要注意学生的已知和未知，在教学过程中及时捕捉、处理学生在学习过程中反映出的问题；要充分考虑到学生已有的能力和发展的可能，引导学生根据个体的实际状况，充分挖掘文本的价值取向，探索适合自身发展的学习方法，才能适应学生的发展。

【课例一】《了不起的粉刷工》

本课教学目标是学生通过对语言文字的感受与品味，在情节的推移中了解汤姆的个性特征，学会从生活中体悟人生哲理。

在听取的一节课中，这位老师这样安排——

第一环节：让学生快速浏览，注意主要人物、相关事件。学生默读后，让学生看插图，问：刷墙的人是谁？坐着的那人是谁？在干什么？

第二环节：再看题目"了不起的粉刷工"，到底"了不起"在哪里？概述故事，到底发生了一件什么事，使他成为了不起的粉刷工？

第三环节：如果你是汤姆，以汤姆的口吻（用第一人称）让本知道刷墙的机会很难得，让本上当。小组讨论后学生交流。

第四环节：细读课文，看作者是怎么写的，分析人物形象。

第五环节：作业——"了不起"具体表现在哪里？先写观点，再举例分析。

一节课下来，完成这些教学任务较急促，文中很多有价值的东西没有充分挖掘。问题在——关注学生的障碍点不够。如第二环节，让学生通过角色转换复述课文。这应该说是很不错的设想，但在学生未预习的情况下，让学生当堂复述，有点儿难度，花了不少时间，还不够理想。复述情节根据学生情况，采用一般复述方法，可在第二环节完成，而第三环节可作为作业。这样节省下来的时间可引导学生在课上挖掘更多文本价值。如"汤姆"利用孩子独有的"狡猾"，让其他孩子帮助刷墙，赢得许多小礼品，并从中悟出人生哲理。又如，作品通过儿童的目光来看待周围的现实，笔调轻松幽默，生活情趣浓郁，作品语言幽默、诙谐，富有特色。还可以让学生进一步探讨"如何让工作变成玩耍"，同时也可了解东西方对"孩子的希冀"存在着很大的差异，西方重"真实"，东方重"完美"的特点。

在教学环节设计中，也可考虑学生的兴趣点。如第一环节，老师的导入充分利用文中插图，很不错，符合学生的思维。如果稍作改动，可能会更激发学生的兴趣，不妨这样问："看插图，那个坐着悠闲吃苹果的人是谁？谁是粉刷工？"如果每个环节都注意激发学生的兴趣，符合他们的心理习惯，那么学生会更主动地求知。

二、立足文本，在练习训练中引导学生把握文本的价值

教一篇课文，应是"T"型而非"一"型。应是复合型、多角度地学习，而不是单一的仅靠朗读或讨论等，有时也需要通过一些练习，把握

文本的价值，把握学生需掌握的知识点。

教师也应有练习意识。在课堂教学过程中，教师应依据学生在学习过程中存在的问题，随机进行练习。练习应以唤醒学生沉睡的记忆、调动学生已有的积累为主，让学生在学习新知的过程中复习、巩固旧知；要帮助学生梳理已有知识，调整学习思路，培养学生对语言的敏感性。

【课例二】《马来的雨》

本课主要从听雨、淋雨、观雨等角度写了马来西亚雨爽快、利落、有韵味、劲急、壮观等特点，展现了马来西亚雨的无穷魅力。要让学生感受这些特点和魅力，引导学生对课文关键词句的圈画与品读至关重要。一切景语皆情语。作者以形象生动的语言表达了对马来西亚雨的深情赞美，在教学时，教师要抓住重点语段中的佳词妙句，让学生反复品读，让作品深藏的内在意蕴与阅读者本人内心的感知与体验产生碰撞，由此感受到马来西亚雨的独特魅力，并进一步领会作者的思想情感，这是学生理解课文的必由之路。

上这篇课文，不妨在初读课文的基础上，出一些练习，让学生进一步体会本课语言特点，领会作者思想感情。

题一：选择标点使用准确的一项。

屋顶多盖铁皮锌板，那雨点敲在上面，极富大珠小珠落玉盘的韵味□雨骤时，沿铁皮凹槽泻下的水帘声响从四壁迫来□金戈铁马声盈屋□雨稀时，偶有大雨点击在铁皮上□碎碎的细乐声中有了重音节。

框内标点依次为"。，；，"。

题二：联系文章内容，说说原文为何用甲而不用乙。

甲：雨拉开的是幕，是风景，也是风情。

乙：雨拉开的是幕，是风情，也是风景。

题三：阅读全文首末段，说说这样写的表达效果。

首段：马来西亚的魅力，应在雨季。

末段：马来西亚的魅力，在雨季。

题四：第6段"据说有钱的马来人要么迁居城里，要么盖起高楼瓦屋，舒适是肯定的，但这听雨的享受也没有了。"第9段"驾车乘车的人在空调里没有暑苦，当然也体会不了那雨的清凉，现代文明有时离大自然是远了些的。"这些句子有没有必要写？

我觉得这些练习不只是为训练而训练。题一看似简单的标点，却考查学生对这三句话内在内容的联系，第一句总，后两句分，后两句之间是并列。题二让学生明白文章通过"景"，重点写"情"。题三让学生辨析首尾不同表达方式，前者委婉推测，引起阅读兴趣，后者果断坚决表述，强调突出马来西亚雨的独特魅力。题四让学生更理解作者的写作意图：现代文明有时离自然远了些，不再亲近风景，也无从感受风情，告诫人们在科技发展的今天，要亲近自然、感受自然之美，从而使文章思想内涵更丰富。

简单的四道题，却让学生把握了文本的语言价值、思想价值、作者的价值取向。

三、着眼于学生的发展，鼓励学生个性化阅读

有专家认为，作者写成的是"文本"，文本只有在读者的解读过程中才成为"作品"。接受美学则认为"作品的价值与地位是作家的创作意识与读者的接受意识共同作用的结果"。这说明，阅读并不是全盘接受的过程，从根本上说是一种读者个体的再创作过程，是一个"读者与文本相互作用，建构意义的动态过程"。

只有充分调动起学生阅读作品的主体意识，启发学生尽可能多维、多向、多层面地去揣摩感受作品的内涵，去发现作品中新的意义，才能使教材在促进学生的发展中发挥出更大的价值。

【课例三】《狼》

学习这篇课文时，在全文疏通理解的基础上，让学生进一步体会文章所蕴含的道理可以用一对意思相对的字概括。如少（屠夫一人）—（对付）多（两只狼），以少胜多。由此让学生充分展开思维，讨论交流，最终得出：弱—强，善—恶，进—退，怯—勇，智—愚（狼看似聪明"犬坐"，实质愚蠢），真—假（人与狼对峙，表面假与真实意图相悖）。

这些精练的词语提炼过程，其实是在更高处理解文本，并超出文本鉴赏课文，从而在达到寓言教学既定目标的基础上，有所发展创新，从根本上说是对文本的价值取向大于作者的价值取向所提供的资源的开发。

在学生有了一定量的积累之后，要逐步地培养学生的鉴赏能力。要引导学生感受优秀传统文化的语言魅力和语言中蕴含的丰富思想，要在理解的基础上有自己的感受，能对作品内容和表现形式发表自己的见解。

【课例四】《小石潭记》

这篇文章的学习，也是在全文疏通理解的基础上，让学生写"小石潭真_____"。在横线上填恰当的一字，并用这个字所组成的词语，串联写成一段话来形容小石潭的特点。

其中，最典型的几位，一个写"清"，一个写"幽"，一个写"奇"，另外还有写"妙""冷"等字的。写"清"者，有形容小石潭的水"清澈、清凉、清澄、清醇"的，有形容小石潭边的空气"清寒、清冷、清新、清朗"的，有形容小石潭的竹子树木"清翠、清秀"的，有形容小石潭的水石相击的声音是"清越、清亮"的，有形容小石潭的环境是"清爽、清幽、清雅"的……观赏小石潭的作者外表是"清闲"的，内心却是"清冷"的。

写"幽"者，用到了"幽寂、幽静、幽深、幽邃、幽婉、幽忧、幽幽、幽雅、幽香、幽思"等。

师生们很有趣味地用生活中一些常用的词语把文中小石潭的景物特点以及作者的观景处境、思想感情巧妙描述在一段文字中。

落实《上海市中小学语文课程标准（试行稿）》提出的"语文课程不仅要重视语言知识的学习和语言运用规范的掌握，而且要重视学生情操的陶冶和文化品位的提升"。要引导学生在学习我国优秀传统文化和外国优秀文化的过程中，吸取精华，充实底蕴，形成审美意识、审美情趣和审美能力，树立正确的价值观，培养并提高比较辨别能力和鉴赏评价能力，塑造健全的人格。

语文教材只呈现承载教学内容的文章，不直接呈现教学内容，教师要开发、确定课文的教学内容，成为语文课程的实际开发者和再创者。教师必须善于引导教学内容的价值取向，让学生得益更多。

第三节　绿色语文，情感先行

绿色，是生命之色、生命之源，也是教育之色、教育之源。课堂是师生生命不可重复的体验，流淌最精彩的生命激情。

语文是和人的生命、生活接触最密切的学科。语文能力是在语文生活和语文实践中形成并发展起来的。素质教育的课堂教学应该映射出"生命的意义"。创建绿色的课堂，成就绿色的语文。

我以为：创建绿色的课堂，教师的情感化教学先行。

语文中的情感化教学是指在语文的实际教学过程中，以情感为主要手段对学生进行审美和人文教育的教学方法。语文学科是最富有情感的课程，语文教学应该唤起学生对语文情感的内心体验，让学生感受到课堂中的各种情感。情感化的语文教学应该成为流动着热烈浓郁的教学情、学习情和各种丰富细腻情感的情感场。

教师情、学生情、课文情决定了语文教学的情感性特征。教学中，只有这三情的交融与和谐统一，才能使师生产生共振，才能使教学产生美。在教学中，教师往往凭借自己的情感色彩来感染和激发学生的学习热情，而学生由于情感输入而转换成的学习热情，又反过来激发教师的情感，使教师的内心情感更加充实而丰富，并努力把这种美好的情感再次转换成教学的内在动力和教学热情，投放到教学中。才能在课堂教学中化"被动学习"为"主动学习"，化"讲堂"为"学堂"，从而达到令人满意的教育教学效果。

一、绿色语文，源于绿色情感——爱意浓浓的情感

但丁说过："爱是美德的种子。"构建绿色生态课堂，关键在教师。作为语文教师，应该有一颗爱生之心、一颗医生般的仁心，走进学生，关爱学生，努力构建一个充满爱心的绿色课堂环境。苏霍姆林斯基说："要像对待荷叶上的露珠一样，小心翼翼地保护孩子幼小的心灵。"教学活动总是伴随着师生之间的情感交流，在情感的影响下进行。

【课例一】请学生发言的故事

针对不同的课堂，钟老师有两种不同的请法：

第一种是："找一个这节课没有举手、没有发言的同学来做这个题。"

第二种是："哪位同学想发言，但老师没叫到？"

一次，我在语文课堂抽查《岳阳楼记》的注释时，我心里正想抽昨天默得不过关的较差的学生。怎么说才能让他们愿意并真正及时掌握？但此时有个别成绩好的学生已经举手了。

我赶紧说："请想到老师这儿过关，却没来得及的同学回答，我想先给你们机会。"我用期待的目光看着他们。立刻有七八个我想抽查的学生举起手来，略带点儿兴奋。当抽查了一个学生后，学生们较集中地说让金同学来挑战，她可是个什么都慢一拍的人，什么都要拖拉。她答了几个，答不下去了。立马，后面有七八个同学举手。我笑着告诉金同学："你转过头看看，你背后的后援团太强大啦，你瞧！"听到这话，她"噗"的一声笑出声来。这节课后，她急着来过关了。

思考：试想，如果我换一种请法——请昨天没过关的同学来回答，会有这样主动的效果吗？我想，绝不会。同样请学生发言，参与课堂教学，但不同的请法学生却有截然不同的心理状态，抽查学生与以尊重的情感来叫学生，会有不同的效果。前者被动，后者由被动变为主动。

另外，虽然学生课上没有过关，但批评不是真正的目的，让她即时过关才是紧要的。所以应充满爱意地鼓励学生，让她感受到大家也非常关注她，愿意帮她。

老师对学生有积极信任的爱意，才会表达出积极的语言。所以老师不要吝惜自己的积极情感！哪怕学生答错了，也可以肯定他举手时的勇气，真诚地赞美学生的点滴进步，从而激发学生自身内在的积极品质，让每个孩子的潜能得到最大限度的发挥。

因为，绿色语文，源于绿色情感——爱意浓浓的情感。教师焕发出真正的关爱学生的情感，才能调动学生的学习情。

二、绿色语文，源于绿色氛围——师生和谐的交流氛围

绿色氛围是指课堂能使学生实现人生价值的宽松和谐的环境。只有

和谐相融，生命才有不竭之源。老师要明确学生是学习的主人，老师是帮助学生学习的。教与学的关系应该是平等、协商、和风细雨式的，而不应该是君临天下式的。老师要有童心。富有童心，就是要想学生之所想，急学生之所急，乐学生之所乐，忧学生之所忧。课堂上，一切顺乎自然，老师顺势而教，学生顺心而学，老师与学生都全身心地沉浸在教与学的快乐之中。

语文课堂更需要这样的氛围。以朗读为例，对学生来说，听老师读文章，还只是处于对文章表现出的思想感情的接受阶段。要想有效地领会课文的思想情感内涵，学生还必须在教师的指导下自己朗读。不能仅把朗读指导看成是技巧方法的指导，而应通过技巧方法促使学生读出自己的体会，作品的情感才入于目、出于口、闻于耳、铭于心。

【课例二】《破阵子·为陈同甫赋壮词以寄之》

上课时，老师面对陌生的学生，指导朗读的一个环节——先让学生参照下面注释初读，整体把握题目中"壮"的意思。通过交流，师生明确感情基调是"雄壮悲凉"。再让同桌对读，说说你读出的感情。然后抽读、鼓励学生自荐读，再请学生自评、互评，作比较评价。老师说："还有谁觉得自己比他读得好？来试试！"有一位女生勇敢地站起来，读后说："我认为我读得比某同学好。""哪里看出来？""我声音更响亮，而且有感情，注意了中间的停顿……"

这时，老师说："现在老师来读，你看谁读得好，大家一起听。"于是老师很淡定地读，读后请那位女生评。那位学生也不住地点头称赞，学生们都异口同声地认为老师好。

接着，老师自己评价道："老师当然比你读得好，因为老师更了解作者生平，理解本词的主旨。"于是，非常自然地过渡到对词的写作背景的了解，进而探究词所蕴含的思想情感。在此基础上，让学生个别读、齐读。于是，铿锵有力的气势、有节奏的音调、充满感情的朗读响彻教室。大家投入在词作的情感中。"醉里挑灯看剑"显示出杀敌的壮志，"沙场点兵"的壮容，"马作的卢飞快"的壮场，最后却只能想象着"了却君王天下事，赢得生前身后名"，然而现实却是"可怜白发生"的壮志难酬的悲愤！

思考：这位老师和学生的交往互动是成功的，构建了民主、平等、和谐的师生关系，摒弃了"师者为尊"的传统意识。智慧地转换角色，让学生像老师一样去评价自己和同伴；让自己和学生一样读，让学生来评判。尊重每一个学生，使孩子们在一种和谐、放松的精神状态下学习，同学们自然会兴趣十足地去学。

老师有童心，"教"得有法，学生"学"得有趣且有效。原本胆子不大的孩子，在老师的引导下，居然能表现得如此勇敢、自然。在师生成功交流的背后，老师在课前肯定也花了不少功夫，准确把握朗读节奏、语音、语调、声音、感情基调等。

这正是绿色语文，源于绿色氛围——师生和谐的交流氛围。教师作为情感的引导者，引导学生感悟出课文情。

三、绿色语文，源于绿色平台——师生教学相长的平台

只有教师在课堂上搭建起师生互动、互为主体的教学平台，加强师生间的情感交流，营造民主、平等、和谐的氛围，才有利于学生主动地探求知识和创造性思维的培养。教师和学生分享彼此的思考、见解和知识，交流彼此的理念、情感和体验，丰富教学内容。实现教学相长，师生在互动中共进。

语文课堂学习需要创建绿色平台——师生教学相长的平台。我曾听过多节作文指导课，自己也是一位实践者。作为老师，如果你与学生一起写作，勇于写下水作文，开拓师生共同交流的平台，你的作文指导就成功了一半。

听过一节高中作文复习课——对照式议论文材料的选择与运用。

在"范文选读"环节，评点学生作文《悲剧与胜利》时，以PPT课件形式呈现，学生的作文和老师夹杂在其中的评语分为两种颜色，另有特别的句子用第三种颜色标示。中间还夹杂着一些重点句的简单画线、带有背景色的画线。讲评是让学生和老师同时站在讲台边，分角色讲。学生读自己的作文部分，老师读评点部分，讲评的过程充满情趣。师生集体点评作文，老师勇气可嘉！

在具体指导"材料表述"时，老师更勇于表达自己对"旭日阳刚"天桥献歌的感悟和"汪峰叫停"的想法。（出示教师自己的习作。）老师的作文讲评形式创新、有效！老师创作的展示有智慧、有魅力！

教师个性化的教学让学生感受、收获颇多。学生喜欢这位老师，可以从课堂上师生的互动交流时不经意的话语得知。同时，从学生平时的习作50%被做成PPT的形式也能了解老师的用心。

当在写亲情文章时，教师用自己的下水作文《一副眼镜》与学生一起交流时，语文课会变得充满亲情，洋溢着"绿色"。

这样的交流形式也需要老师的胆识和能力。教师点评的共享，教师下水文的亮相，都无疑让师生在教学的平台上更显平等。

教学关系不是静态的、固定的关系，而是动态的、变化的关系。从学生角度来说，整个教学过程就是一个"从教到学"的转化过程，在这个过程中，教师的作用不断转化为学生的学习能力；随着学生学习能力由小到大的增长，教师的作用在量上也就发生了相应的变化。师生间的情感更近了。

绿色语文，源于绿色平台——师生教学相长的平台。教师作为情感的智慧者，让学生在课堂中充分体验，与教师共同成长。

有人说——真正充满生命活力的课堂应该是：

当学生没有信心时，我能否唤起他们的力量？

我能否使学生觉得我的精神、脉搏与他们一起欢跳？

我能否使学生在课堂上学习合作，感受和谐的欢快、发现的欣喜？

我想说——真正的语文绿色课堂应该是：

当学生落后时，我有没有绿色情感——爱意浓浓的情感？

当学生学习时，我能否创建绿色氛围——师生和谐的交流氛围？

当师生互动时，我能否勇于搭建绿色平台——师生教学相长的平台？

第四节　语文教学中渗透积极心理学的探究

汤普逊老师和泰迪的成功故事是积极心理学成功运用的典型案例。汤普逊老师忍着心酸，当着全班同学的面拆开泰迪的礼物，有的孩子开始嘲笑泰迪送的圣诞礼物：一条假钻石手链，上面还缺了几颗宝石，还有一瓶只剩四分之一的香水。但是汤普逊老师不但惊呼漂亮，还带上手链并喷了一些香水在手腕上。

汤普逊老师让泰迪真切地感受到——自己很重要，相信自己有能力去改变。当泰迪感激汤普逊老师时，老师却热泪盈眶地告诉泰迪："泰迪，你错了！是你教导了我，让我相信我有能力去改变，一直到遇见你，我才知道该怎么教书！"

因此，我认为积极心理学让师生互相信任、共同成长、彼此感激。

什么是积极心理学？积极心理学研究人类优点和积极品质，以研究人类的力量和美德等积极方面为重点。积极心理学，是研究人的优势与幸福的一门学科，主张以人固有的潜在的具有建设性的力量、美德和善端为出发点，提倡用积极心态对人的许多现象作出新的解读；激发人内在的积极力量和优秀品质；挖掘人的潜力并获得良好生活。研究重点是人自身的积极因素。他提倡——

尊重！接纳！共情！

激励！唤醒！鼓舞！

欣赏！认可！支持！

发挥教师的语言魅力，学生积极进取了，教学就活了。

积极心理学强调积极教育是对传统教育的反思，强调教育并不只是对学生纠正错误、改造问题、克服缺点，而主要是发掘、研究学生的各种积极品质（包括外显的和潜在的），并在实践中扩展和培育这些积极品质。积极教育就是要创建一种教学环境，让学生的主动性、思考能力、热情、勇气、坚强等得以充分发挥，而不是给予过多的约束、控制。

如果每一节语文课都能让积极心理学润泽课堂教学，那么语文课就不再停留在学习语言和文学，更在培养有一定文学功底且心理健康的优秀学生，这才是老师作为教育者希望看到并为之努力奋斗的事。

教学，有老师的教，有学生的学。要让学生用积极的心理去学习，除了老师在教育教学方式上需激发学生的内驱力外，更需要老师具备积极的心理状态和思维习惯。

"总有教不完的学困生！"——"又有一个让我积累新的经验的机会！"

一年又一年，每一届总有学困生。于是，耳边产生一种声音——"总有教不完的学困生！"我心里似乎也认同这种说法，不是吗？

有一年，某一男生生得清秀，背书、默写却总是落后，考试总开红灯。

有一年，某一男生初中语文没开过绿灯，平时吊儿郎当，有点儿玩世不恭，作业随便做。

有一年，某位女生说话都口齿不清，总为自己没完成作业找借口，语文距离及格线总差一些。

去年，碰到一位在老师面前总保证自己能做好，但每次作业总是写"天书"一样的学生。我甚至担心他会成为毕业班语文唯一不及格的学生。

今年，又碰到一个从来没碰到过的。接收此班时，他是班中，也是年级中考得最可怜的一个——"19分"。一个普通的句子，他会读的字少于不会读的字，背书总不能过关。当堂作文倒是令人欣喜，能及时交，却是不断重复的内容，不知所云。

……

就是这样一个个学困生，也在发生着变化。

第一位，他不承认自己记忆力不好，于是乎，他发挥形象记忆法，边读边做手势地背。最后由之前老师说过的"最多考个三四十几分"变为考及格了！

第二位，因老师一句不经意的"谁前三名背诵有奖品"，一个不经意的提醒"你明天做前三名吧"，他让全班同学见证，用实力得到了老师的奖品。课后还有同学说"那真是破天荒啊"，于是乎，他一次次破天荒地"开绿灯了"。

第三位，老师一次次的信任，让她不放弃语文。毕业一年后，她还兴致勃勃地打电话过来告知老师，自己语文考得最好。

去年那位，考试的作文令人没看懂多少，标点也看不出几个，看起来是没希望的，却在最后的中考中，有了一次跨越。

今年这位，会读的字少于不会读的字，背书也极少能过关。但我发现一个特点，他背不出的，看着看着，却能默出来。只是过几天又忘了，作文还是看不懂，但字写得很清晰。

……

于是乎，我想：何不将"总有教不完的学困生"变为"又有一个让我积累新的经验的机会"呢！

不同的心态，会产生不同的态度。因为境由心生，环境是由你的态度"生长"出来的，用哲学的观点来讲，你的思想就是你的世界，你的思想就是你的处境。世界其实就是我们自己，痛苦与快乐、成就与失败、宽容与紧迫，其实全在于我们怎么看。因为我们是通过自己的观点去看世界，所以态度决定一切。

你认为他有希望，他就有希望。

教材变化不多，但学生年年在变，有时还是这些学生，但年级变了，环境变了，孩子的情况也会变化。要适应课程改革的需要，教师首先应更新教育思想，根据变化了的情况全面调整和完善自己的心理品质，不断提高自己的心理素质，以适应工作需要，使自己的心理素质与新课标的要求一致。

老师需要改变思维定式，造就积极心态，心里有眼光，成功更有望。

积极心理学研究的积极意义在于倡导探讨人类的美德、爱、宽恕、感激、智慧等，以及研究人的发展潜能，引导人们不断地发展自己，使普通人生活得更健康、更美好，促进个人、团体和社会的繁荣，这具有极大的理论价值和现实价值。

为了学生和自己的共同成长和幸福，我愿意运用积极心理学做学生生命中的贵人。

【课例】《血染的丰碑》

1. 情景引发，把握情感

在课堂开始以PPT展示图片人民英雄纪念碑及相关文字——正面毛泽东题词"人民英雄永垂不朽"八个镏金大字，背面是毛泽东起草、周恩来题写的碑文：三年以来，在人民解放战争和人民革命中牺牲的人民英雄们永垂不朽！三十年以来，在人民解放战争和人民革命中牺牲的人民英雄们永垂不朽！由此上溯到一千八百四十年，从那时起，为了反对内外敌人，争取民族独立和人民自由幸福，在历次斗争中牺牲的人民英雄们永垂不朽！

组织学生齐读背面文字，并引发学生思考：今天学习的《血染的丰碑》一课中刻画了什么样的英雄形象呢？

教师创设生活化的情境，唤起学生对课文内容的阅读兴趣，引起他们对文章的好奇和探究。并在课堂一开始就定下感情基调，让学生沉入对英雄的缅怀中。

2. 了解故事

请学生放声朗读课文，遇到难以确定读音的字词，可以向同学请教，也可以举手请老师帮忙。八分钟后，比比谁能用一句话概括本文内容。

老师创设学生自由朗读的空间，并提供生生交流、师生交流的平台。老师真诚的期待营造了宽松的教学氛围，和谐的师生关系是和谐课堂心理环境的保证。

3. 认识人物

如果你是一位著名的雕塑家，现在当地文史馆邀请你在定海公园雕刻葛云飞的塑像，根据文章内容，你准备雕刻他怎样的形象，为什么？五分钟后比比哪个组说得好。

在课前让个别学生在黑板旁边画了一个小组赛的表，以体现有效回答的次数。等下课后由同学计算比较。期间让学生自读、圈画，再小组交流。

组一：准备刻画一个英勇无畏、视死如归的葛云飞形象，因为——大家看文中第15节，"冲在最前面的葛云飞见迎面上来个手举绿旗的英军头目，喝一声："逆贼终污吾刀！'"……

组二：准备刻画一个与士兵们同甘共苦并身先士卒的葛云飞形象，大家看文章第8节，"他将参汤倒入旁边小河里，与众将士一起用手捧喝。"……

组三：准备刻画一个忠孝两全的葛云飞形象，大家看文章第4节，"就这样穿着母亲染黑的孝服，带着父亲留下的两把佩刀，马不停蹄地星夜驰往定海。"……

组四：准备刻画一个……

老师的恰当期待，使学生受到鼓舞，并在课堂中主动地读、积极地交流，教室里不时呈现小组间思想的碰撞。

4. 质疑探讨

学到这里，大家应该感受到了在竹山门的这次抗英战役中将士们英勇不屈的抗敌斗志和崇高精神，大家还有什么疑问吗？

有一个学生提出：文中花了这么多笔墨写葛云飞，能不能把题目换成《葛云飞》呢？另有同学问：课文下面注释提到"原题《竹山门》"，为什么编者把它改为《血染的丰碑》？哪个好，为什么？

让学生自主质疑，正是为了满足学生学习的需要。老师给学生机会，学生还课堂精彩。提出了高质量的问题，供大家思考探究。老师在这里只做点拨帮促。使同学们通过本文的学习，不仅感受到葛云飞这一典型英雄形象，更感悟到参与民族斗争的众多英雄的群像。

5. 仿写讴歌

老师提供上联"碧血洒竹山"，请学生对下联。并重回课堂开始的人们英雄纪念碑，让学生齐读碑文和"人民英雄永垂不朽"。

师生对联的创作其实是课堂中的及时反馈，对联是对文中人物英雄群像的赞美，也是对文章主题的把握。老师对学生的对联讴歌及时反馈，更加深了学生对文章主题的理解。

6. 作业

如果你来到葛云飞和众将士的墓前，你将对他们说些什么？可以把挽联、小诗融合进去。

课后学生的小作文很可喜。同学们写出了对英雄们的赞美、崇敬、怀念之情。我想，这源于老师在课堂中优化课堂环境，促进了学生的有效学习。

第五节　语文教学中情感教育的探究

情感，主要是指一个人的感情指向和情绪体验，它不仅指学习兴趣、学习热情、学习动机，更是指内心世界的体验和心灵世界的丰富。情感又是语文学习中理解和表达的心理基础。

情感教育是教育过程的一部分，它关注教育过程中学生的态度、情绪、情感以及信念，以促进学生的个体发展和整个社会的健康发展。

语文情感教育，是指教师在语文教学活动中，以教育心理学理论为指导，针对当代学生的情感心理发展特征，着意突出语文作为人文学科的特点，综合融汇教学流程各个构成情感功能的要素，以充分发挥教师情感的动力、调节、组织等作用，共同生成学生积极健康向上的情感，从而达到使学生情知共进、形成健康个性、全面发展目的的一种教学模式。

它所涉及的一个基本教学理念就是"以情优教"。"在充分考虑教学中的认知因素的同时，又充分重视教学中的情感因素，努力发挥其积极的作用，以完善教学目标，改进教学的各个环节，优化教学效果，促进学生素质的全面发展。"

语文情感教育正体现了语文是"工具性和人文性的统一"的课程性质。

一、语文教学中情感教育的功能

1. 发挥情感的感染功能，增强学生的人文素质

课堂上教师以自身的情感激发学生的情感，达到文章情、教师情与学生情三情合一，让情感共鸣于课堂。教师一方面要创设情境，渲染气氛，让学生"触景生情"；另一方面要让学生领略文章情调，"以情传情"，从而发挥情感的感染功能，增强学生的人文素质。

2. 发挥情感的美育功能，陶冶学生美的情操

教师可以根据不同课文的特点和内容，采取不同的教学方法，既能激发学生的情感，美化学生的心灵，同时又能让学生学到应有的知识。情感是作者写作的本源，是学习时必须进入的境界，语文教师只有饱含深情地教，学生才会兴趣盎然地学。

3. 发挥情感的想象功能，实现情感教学的升华

情感教育要求教师在教学过程中，在充分考虑认知因素的同时，充分发挥情感因素的积极作用，以完善教学目的，增强教学效果。如朗诵就是很好地展现情感作用的重要一环，充满激情地诵读，会使学生脑海里有情有景也有境，就可以进入深层次的情感体验。

二、语文情感教育的途径

1. 挖掘教材固有因素

教材是怡情明理的依据，教师只有对教材钻得深，吃得透，深入挖

掘教材中情感教育的因素，才能首先被其思想内容所感染、所激动，最先进入角色，教学才能做到以情动情，以情明理。

"语文教材之所以选入大量的文学作品，正是因为文学即人学，文学作品中充溢着人的生命关怀、情感体验、价值取向、审美意趣等。这些都是其他类别的文章所欠缺的。"（《语文教育路在何方》，杨先武著）教师必须认真地挖掘课文中的情感因素，分析情感，体味情感，披文入情，交相渗透，达到最佳的融情效果。经过教学实践和教学探究，发现不同的课文具有不同的情感，而它们又蕴含在不同的字里行间，藏在不同的段落和人物形象中。

情感蕴含在对景物的寄寓之中：牛汉在《汗血马》中对生命不息、奋斗不止精神的赞美，《石缝间的生命》中对象征性事物或者战胜环境的强者的赞颂，无不充满着激情。情感蕴含在对事物的说明描写之中：看了《老北京的小胡同》，游览了《苏州园林》，参观了《晋祠》，会感受到建筑物的雄伟壮观，从而产生对劳动人民的敬佩之情。情感蕴含在作者的记叙描写之中：有的课文生动形象地描绘了祖国的锦绣河山，如《壶口瀑布》；有的课文则描述了名人和伟人的不平凡的故事，如《永远执著的美丽》等等。情感蕴含在人与人之间的相互关系中：如朱自清的《背影》一定会勾起你对父亲的思念之情。情感在语言文字，也在创作背景中：《小巷深处》尽显母爱深沉，《我不是懦夫》凸显勇战病魔的坚强，《社戏》中特有的人情美，《西花厅的海棠花又开了》中深深的怀念之情……

情感在文本的解读中感悟。在《枣核》的教学中，抓住同窗"殷切""托""揣""故弄玄虚"等动作、语言、神态描写，引导学生朗读、圈画、品味，在充分的思维空间中感受朋友对枣核的重视、珍爱，明白在异乡的土地上种上一棵故乡的枣树，以慰藉思乡之情，饱含着游子眷恋故土的深情；理解古往今来人们思乡怀国、游子怀归的情结，激发学生热爱家乡的感情。

2. 运用情感激发，启发学生真情写作

作文训练课上，语言训练与情感体验是相辅相成的，教师应寻找语言与情感的结合点，引导学生因"情动"而"辞发"，实现语言训练与情感体验的和谐统一，促使学生写出具有真情实感的好文章。

回想自己也曾经尝试过几次现身说法——

在教师节来临之际，课堂中设置师情的情景：

（1）树立作文做人典范——重讲海伦·凯勒《我的老师》；

（2）师生再共同回忆魏巍《我的老师》的动人之处：典型事例——梦里寻师，抒情化语言；

（3）我在同学面前读写给老师的信和我的老师回信的部分内容；

"当我和我的学生们一起回忆心目中最喜爱的老师时，我总会想到您。您不是我人生的第一位老师，却是使我变得坚强、成熟的一位老师。还记得……"

（4）播放歌曲《我爱米兰》："老师窗前有一棵米兰，小小的黄花藏在绿叶间，默默地把芳香撒落人心间……"

在这样的阅读交流中，学生们不仅认识到师恩深深，更使师生间的情感得到了沟通。学生们了解到老师对自己老师的尊敬和怀念，以及师生间的情谊永存。

当我告诉学生们老师和老师的老师的故事和信件时，学生们跃跃欲试，也写出并收到了一封封热情洋溢的信件。

学生们也道出了对自己老师的真情文字——

"您竟为我的作文打了92分，并且让我站在讲台前把自己的作文读给在座的同学听。我一站上讲台，就不知所措，心跳加速，神情很尴尬。无意间，我抬起头看见了您赞许的目光，我感到有一股强大的力量在背后支持我！"

"为了这事，我还和您吵呢！其实我当时根本就是嘴硬，为此还浪费了一节课呢！想想真对不起同学们啊！课后您把我带进办公室，非但不怪我，不骂我，还帮我钉纽扣，擦眼泪，并且教导我。"

"于是，我每天的必修课就是看信箱，想先把信拿出来，提心吊胆过了一星期。没见到信，我心里却有一丝失落。没想到第二天，您一早就在教室门口等我，塞给我两本书，一本是《寻找自己》，一本是《假如给我三天光明》。书的扉页上，您整齐地写上赠言：愿自信伴你一路！"

我也获益不少。不仅与我的老师进行了难得的联系和交流，而且也让我看到了学生一颗颗真诚的心，不用说那溢满真情实感的文章了。教师下水作文的亮相，无疑让师生在教学的平台上更显平等。孔子说："夫仁者，己欲立而立人，己欲达而达人。"情感激发让师生相得益彰。

3. 拓展语文课堂，丰富学生情感体验

教研员曾感叹地说："如果我们不教，孩子们或许永远也没机会读到这些文章了！"是啊，这不是语文教学的悲哀吗？曾经在教科书里的文章，学生却没有读过。语文教学，不只为了这分了？

现代诗不在考试范围内，但我觉得略过了，或许学生真的没机会触碰了。于是，我坚持教《短章一束》这一组诗。

引导学生通过朗读、知人论世、观察插图、想象、讨论，理解诗中蕴含的情或理。感受《红叶》中普通的生命同样能够创造人生的辉煌；感悟雷抒雁在《雨》中对甜美、醉人生活的赞美；在《故乡》中感受母爱的深切和永恒；在《我》中敬佩于臧克家热爱生活、甘于奉献，燃烧自己、照亮别人的思想情感；感叹《断章》中世间人物息息相关，相互依存、相互牵连、相互作用的哲理。

《多元文化与语文育人》一书中指出语文教师的"核心使命是引

导学生在'文'的多角度、多形式的学习中，感受、理解、体验文本内容，发现蕴含其中的'道'，逐步形成积极的人生态度和正确的价值观"。

在课堂的最后我给予学生自创的一首小诗，抒写自己对学生的殷切期望。"一束短章，正如教材作品中的一束花朵，在你们桌前，静静开放，淡淡飘香；一节诗课，愿似在文学沃土中的一颗种子，在你们心田，默默发芽，悄悄成长；待来日，划一小舟，至你们诗海荡漾，老师将不请自来。"

于是在课余，我鼓励学生读诗、诵诗、介绍诗，尝试写诗句。学生们读名家诗作；学生们朗诵起《雨巷》《我是个任性的孩子》《乡愁四韵》《面朝大海，春暖花开》等；学生们组织起小组，配上音乐视频、简单的手势动作，开怀朗诵、尽情体验……尽管稚嫩，却不亦乐乎！

在实践教学中，情感教育的回归需要从教师自我素质的结构和教师教学的途径等方面来加以完善。这对语文教师提出了挑战，教师要具有丰富的职业情感。语文教育需呼唤学生情感的回归！

第七章

校本德育，立根铸魂

第一节　校本德育课程实践的重要性

校本德育课程实践是指学校根据自身的特点和需求，结合学生的德育培养目标，通过设计和实施具体的德育活动和项目，促进学生全面发展的过程。它强调学校作为德育的主要场所，通过创造有利于学生德育发展的环境和条件，培养学生的道德情感、价值观念和社会责任感。

在校本德育课程实践过程中，明确德育目标和价值观是首要任务，应通过开展课程设计和教师培训，为学生提供有效的德育教育。同时，鼓励学生积极参与是校本德育课程实践的重要环节，通过各种具体做法，能有效激发学生的积极性和主动性，促进其德育能力的全面发展。

第二节　浅谈对德育主任岗位的认识

短短四个月时间，我聆听了多位资深德育专家的讲座，参与了八家区内学校的行为规范评估，亲历了学校德育工作的林林总总，开启了一个德育支点项目，参加了2016年新空气教育论坛的学习和分享……在听中学、做中学，真切地感觉到德育主任的艰辛和重任。

一、坚守育人的责任，做德育常规细节工作的躬行者

什么是德育？"将自然人变成社会人的过程。其主要任务是：引导人学会协调个人与社会的关系。"（姜老师语）

一进校门，老师都希望看到的是秩序井然、干干净净的环境，听到琅琅的书声、飞扬的歌声，这应该是德育工作的目标。德育工作是一个学校的门面，德育工作应从有形入手，求无形效果。

在实际工作中，你是这样做了，但结果未必能达到你的期待。反复抓、抓反复，似乎不只在教学过关时适用。你需要有一份责任心，需要坚守那份责任。只有你坚守了德育的责任，做德育常规细节工作的躬行者，你才会走得更远！

抓好学生行规，形成切实可行的养成机制，需要躬行。

正如汤连华老师在《拥抱责任，勤勉实践》讲座中所说："亲力亲为，树立标杆，力求教育工作的细致落实。"学校每个角落的卫生环

境、班级学生的礼仪行规、主题班会的开展、班级管理的实效等等，似乎每一眼、每一听都离不开德育。

我想，学校无处不德育，不只是在对学生的思想教育、对学生做人的影响上，它在各种活动中、在学科课堂上、在常规管理中、在教师的为人师表中、在同学的榜样示范中、在环境的育人氛围中等等，且可以延伸到家庭、社会。德育就是培养学生良好的习惯，德育就是培养学生良好的意志品质，德育就是让学生懂得做人的道理。

于是，我们利用升旗仪式、晨会课、班会课，多形式地进行行为常规的教育和反馈；进行值周班班级检查、大队部成员检查、年级组政教处抽查反馈；组织给班干部做主题培训、"阳光礼仪少年"的多层面评选；等等。

二、指导队伍，做好学生人生的导师

"德育不仅要管学生，还要管老师。"（汤老师语）诚然，全校一千多位学生是不可能靠几位德育工作者能管好的，更要"使班主任成为学生的人生导师"（姜老师语）。

于是，每两周的班主任例会，从没有主题到每次有微主题培训；鼓励班主任到南京学习"取经"并分享；与年级组长进行每两周一次的班主任工作材料检查；每月进行班主任考核；组织在全校教职工面前的班主任论坛；等等。

躬行，就是身体力行，亲身实行。巡视每一个教室和走廊，检查每一个学生的仪容仪表；反馈每一处细节，或表扬，或批评；制定学生一日常规、班主任一日常规；改进一张张德育工作表格……

一次次常规细节的躬行，让我疲惫，但夯实了学校德育常规的管理，也坚定了我德育主任岗位的职责。

三、激发智慧，做主题教育活动的策划实施者

听了刘婷老师《用智慧和活力，书写德育人生》的讲座，我觉得要做好一名德育主任不容易。他需要从学生实际出发，开展有针对性的主题教育活动，让孩子拥有规范的行为、自由的思想、健康的人格。德育主任需要丰富的智慧，做主题教育活动的策划实施者。

策划的任务，是从学生需求出发，趁势而为，让学生找到存在感；让学生充分体验，心灵受到震撼；让学生在活动中认知成长。

策划的内容，主要考虑三个方面：一是根据社会对人才素质的要求确定的教育内容，如爱国主义教育、理想信念教育、道德行为教育等。二是学生身心发展和成长中遇到的共性问题，如学习问题、交往问题等。三是当前本班学生最需要解决的普遍问题，如班级同学缺少自信，运动会失利要及时进行挫折教育，等等。再如，根据本校男生在行规表现、学习成绩、班干部评优等各方面明显落后于女生的实际，并根据针对男生教育有所欠缺的实际，成功申报了区级课题"家校合作优化初中男生行为习惯的主题活动课程开发与研究"。在此引领下，启动并开展区级支点项目"凝聚家校力量，共助男生成长"，策划并组织各种主题教育活动，聘请专家开展男生教育的专题讲座，并邀请华东理工大学的志愿者一起开展男生的自我认知主题活动、趣味运动、亲子活动等。

在自我认知的主题活动中，通过调查问卷、看视频讨论等形式，让男生能对自己有一个正确的认知和判断，了解一个男生所必须具备的优秀品质。在趣味运动中，男生们变得更加自信和积极，不断挖掘自身的优势。在亲子活动中，家校共同疏导、共同游戏、互相交流、围坐畅谈，让男生们开始对自己和父亲有一个正确且积极的认知，并开始理解父母和他们之间的关系，主动寻找解决问题的措施和途径。

这样有针对性地策划实施德育教育活动，可以净化学生心灵，发挥

潜移默化的作用；可以塑造学生健康向上的心灵；可以促进班级德育风气的形成，并涌现出更多优秀的学生。

德育主任的智慧，不是教条主义，而是以生为本，不断创新。了解孩子，关注孩子的需求，遵循教育的规律，有效地开展各类主题活动。

四、善于沟通，做家庭、学校、社会教育合力的桥梁

教育不是万能的，老师有时会感到很无力。因为孩子来到学校前，他首先是家庭的孩子。因此，老师有责任与家庭沟通，与家长合力，做自己能办到的事。

那一年，我有幸参加上海市新空气主论坛的学习和分论坛的分享。这次活动让我明白真正的教育是个性化的教育，不只是知识和分数，更需要关注孩子的个性、兴趣、责任心。老师需要与家庭、社会合力，培养学生的核心素养，给学生回归生活的教育、规则教育、规划教育、心理教育等。活动也让我感受到，家长是多么需要家庭教育的指导！一起带去的一位家长甚至感慨道：真想把自己的孩子缩回肚子里去！

又一年，我有幸参加区德育课程一体化背景下的实践育人创新论坛学习，真切地感受到德育不是单向的。它是社会问题，只有联系社会、联系生活才能解决；德育是学生成长中的问题，只有放在学生的发展过程中才能理解，不只是在该校的这个阶段；德育是情感的问题，只有教育工作者投入感情才能获得回报。

在实践中，学校开展家校互动，邀请教子经验丰富的家长代表参与活动，共享教子心得，大力挖掘身边的典型案例。举行"家长开放日"，让家长走进学校，走近老师，走到孩子中间。发挥家委会的力量，让家长们参与学生的相关活动、家长学校的学习，如阳光礼仪少年的总决赛、男生教育的父子交流会、其他兄弟学校的家庭教育活动、多

次家长学校学习、"护蛋行动"感恩主题活动、网络互动学习分享、走进学生的家庭送祝福温暖等等。老师和家长们一起成长，共同呵护孩子。

五、凝聚思想，做德育课程设计的学习者和推进者

我聆听了德育特级教师施建英老师的《德育顶层设计的意义与实施》讲座，观摩了洪庙小学的"翰墨修身扬传统，东方美谷育贤人"的现场展示活动，参加了区第一批校本课程建设的培训，实地考察了南京市多个中小学，聆听了各校校本课程设置的经验介绍，参与了"做中学"主题实践活动。这些观摩、聆听、学习、探索，让我深刻地感受到：德育主任需要思想，需要不断学习、实践、推进，才能让德育课程建设系列化。在学习之后，我学着设计适切自己学校的德育课程，并开始实践。如男生教育的课程项目：男生自我认知和拓展活动、家长培训讲座和咨询服务、班主任和教师科学教育男生的培训讲座、"针对男生教育的家长开放日"活动、"我心目中的阳光男孩"系列评选活动等等。

在男生教育项目的设计和推进中，让全校的师生和家长们以发展的眼光去发掘男生的进步点、亮点。规范南中男生的行为，帮助他们进一步养成良好的学习、行为习惯。挖掘南中男生的潜能，帮助他们树立信心，积极进取。

德育教育常做常新，它没有标准，它有待不断地在学习中实践、在实践中探索、在探索中反思、在反思中提升与创新。

德育主任工作千头万绪，粗线条的就会想到学生行规教育和反馈、班风建设、个别学生教育、班干部培养、与家长的沟通等。细一点儿的，还会想到小初衔接、课堂管理、突发事件的处理、学生谈心簿中学生心理的疏导、学生自信心的培养、家长会的召开等等。一所学校，有

它的个性，需要思考如何打造适合自己学校的德育工作。

德育主任需要团队，同时需要做一支团结的德育团队的引领者。他不只是单靠个人的勤勉，更离不了学校德育团队的支持以及学校顶层、德育处、年级组长、班主任队伍等的帮助！

习近平总书记曾指出："教育决定着人类的今天，也决定着人类的未来。"德育主任工作团队，任重而道远。"雄关漫道真如铁，而今迈步从头越。"我在新的德育主任岗位中且学且习，起航了！我将携手团队，取长补短，汲取别人的成功经验，反思自己工作的不足，共同开创德育管理工作的新局面。

第八章

德育科研，探微明道

第一节　提升班主任家庭教育指导能力的实践研究

一、研究背景

家校协同育人，密切教育伙伴关系，家庭建设与班级建设是相辅相成的。班主任和家长密切沟通与合作，建立家长育人集体，才能实现家校协同育人。

随着新时代家校协同育人共同体理念的出现，家庭教育指导能力必须成为班主任专业成长的新技能。"双减"背景下，家长更需要去适应新时代环境下对孩子的有效教育。在全面倡导全员导师制的背景下，在与学生和家长的沟通中，班主任起关键的桥梁作用，班主任的专业化逐渐发展起来，家校合作对班主任的专业化提出了更高更广的要求。

根据例行的家庭教育情况调查问卷和访谈，我更真切地了解到：大多数家长对家庭教育指导培训的需求比较迫切，但家庭教育压力较大。家长往往重智轻德、重知轻能；工作忙碌导致家长参与度不高；家长缺乏主体性和主动性。家长认为对自己最有帮助的家庭教育指导信息主要还是来自学校的老师，其次为各类书籍、专家讲座报告、电视广播等。老师对孩子各个方面更熟悉和了解，对孩子的成长指导更能结合孩子的实际。家长获得专业家庭教育指导服务主要还是依赖于学校。

家长指导家庭教育的观念还不够科学，而目前班主任家校沟通信息不通畅，关注面狭窄，沟通的能力还需提升。班主任家校合作缺乏连续性、系统性、个性化，班主任对家长家庭教育的指导观念需更新，对家长家庭教育的指导能力需提高。

二、解决方法

1. 文献研究

查阅"家庭教育指导能力"相关文献资料，开展理论学习，把握研究的方向；进一步完善研究方案，细化研究内容，明晰课题核心内涵；完成关于"班主任队伍的家庭教育指导能力"的情报综述。

2. 现状调研

采用调查法，对班主任指导家庭教育能力现状进行调查，采用问卷、测评、座谈等方法，进行比较客观和科学的分析，诊断目前学校班主任家庭教育指导的困惑和难点。

3. 实践积累

进行班主任家庭教育指导能力的培训指导和实践案例积累，并在新政策环境下调整改进，如国家家庭教育促进法和相关文件的颁布实施，以及全员导师制的全面推进。

4. 总结反思

在研究中不断反思，及时总结经验，并将其上升到理论高度。形成初中学校提升班主任家庭教育指导能力的方法、内容、课程实施途径、班主任成长策略等的研究报告。

三、研究成果

（一）班主任家庭教育指导能力的含义

家庭教育：主要是指家长有意识地通过自己的言传身教和家庭生活实践，对子女进行的具有一定教育意义的社会活动。

家庭教育指导能力：主要指把先进家庭教育理论付诸实践，有意识、有针对性地解决家校共育工作中遇到的问题的能力。

班主任家庭教育指导能力：班主任开展家庭教育指导的能力或素养，是指班主任通过多种科学的教育理念、手段和方法，对实施家庭教育的家长从理论、方法、内容和技术等方面进行指导，帮助家长提高科学育儿能力、提升家庭教育水平的一种能力。

（二）提升班主任家庭教育指导能力的基本途径和策略

1. 积极开展提高班主任家庭教育指导能力的培训

班主任可以将恰当的教育方法教给家长，来共同改变学生。班主任的素养高低决定着家庭教育效果的好坏，因此对班主任家庭教育指导能力的培训势在必行。要让班主任掌握法律法规、教育政策、学生家长心理等内容，遵循平等性、科学性、理解性等原则来开展家庭教育指导。

（1）提升班主任家庭教育指导的意识

第一，指导班主任要与家长在观念、制度、关系三方面形成共识和联结。

在观念层面，班主任要与家长达成教育孩子的共识，各自承担学校教育和家庭教育应负的责任，这是双方开展合作的起点。家校合作的共识是促进孩子的健康成长，家庭教育与学校教育要发挥各自优势，实现优势互补，这样才能促成家校共育的最大合力。

在制度层面，班主任要按照学校制度要求建设家长委员会组织，为家校协同育人提供保障。教育部颁布的《关于建立中小学幼儿园家长委员会的指导意见》对家长委员会的基本职责作出了明确规定，即参与学校管理，参与教育工作，沟通学校与家庭。

在关系层面，班主任要基于责任伦理与家长建立教育伙伴关系。家校双方建立相互理解和尊重的教育伙伴关系，形成教师和家长共同育人集体，才能齐心协力教育好孩子。

第二，学习家庭教育的相关政策、法规、理论等。

《中华人民共和国教育法》第五十条提到了学校、教师可以对家长提供家庭教育指导。2015年，教育部印发《关于加强家庭教育工作的指导意见》。2016年，全国妇联、教育部等九部门共同颁布了《关于指导推进家庭教育的五年规划（2016—2020年）》。2017年，《中小学德育工作指南》中再次明确"加强家庭教育指导"。2019年《中共中央 国务院关于深化教育教学改革全面提高义务教育质量的意见》提出，要重视家庭教育。2020年，全国人大常委会审议通过的《中华人民共和国未成年人保护法》六次提到"家庭教育指导"；党的十九届五中全会指出要贯彻新发展理念，健全家校社协同育人机制，营造良好育人生态。2021年10月23日，第十三届全国人民代表大会常务委员会第三十一次会议通过《中华人民共和国家庭教育促进法》。中国教育已经进入了家校合作育人的时代。

2022年1月，《中华人民共和国家庭教育促进法》正式实施。2022年2月，上海市妇联、市教委、市文明办联合发布《上海市家庭教育指导大纲（修订）》。2023年1月，教育部等十三部门联合颁发《关于健全学校家庭社会协同育人机制的意见》，这是新时代党和国家对学校与家长在家庭教育方面提出的新要求与新责任。

2017年，上海市教委、市妇联、市文明办、市未保办联合印发《关于进一步加强家庭教育工作的实施意见》。2021年上海市奉贤区印发《奉贤区创新推进家校社合力育人行动计划》，提出开设线上公益课程，开创数字家长学校等；线下开设家庭教育指导站、进行个性化指导的学生成长营等。上述政策为开展家庭教育指导提供了新的思路与方法。

第三，结合区域和学校实际的需求。

当前"双减"政策下，学生作业负担和校外培训负担减轻了。学生有了更多的时间回归家庭生活，家长要更加重视家庭建设，特别是要安排好孩子的课余生活，培养孩子的自主管理能力，加强亲子沟通和陪伴，帮助孩子顺利适应"双减"，从而更好地助力孩子健康成长。总之，科学实施家庭教育需要积极协同学校教育，在家庭教育和学校教育的统一中实现科学育儿、合法教子、有效教子。

全员导师制是以班主任为首席，组织协调本班科任教师，共同做学生"思想上的引领者、学业上的指导者、生活上的帮助者、心理上的疏导者、生涯上的规划者"。因此，学校迫切需要提升班主任家庭教育指导能力。

（2）提升班主任家庭教育常规指导的能力

每位班主任既有个体差异，也有共性需求。家长缺乏关于家庭教育的理论和方法是他们最现实的困难，了解调查班主任在家教指导方面迫切需要解决的问题，对于某一共性问题，为班主任们提供多种渠道来学习家庭教育的理论知识。统一性的指导，是对家庭教育存在共性问题的学生家庭进行的集中指导。如同年级学生家长中存在类似问题，打破班级界限，利用开班主任会、印发指导材料、主题指导讲座等进行指导。通过开展相关家庭教育培训，提高班主任们的整体家庭教育水平和综合素质。

① 沟通调查，了解家长的实际需求

借助家访、电话、网络等多种途径，与家长进行沟通，通过问卷调查统计，可以得知家长对孩子在校活动情况的了解程度，对学校班级相关管理制度及运作体系的知晓情况，以及协调时间参与班级活动和日常管理的参与程度。

②精心组织好家长会

小升初首次家长会的充分准备：邀请通知、教室的布置、会议议程的安排、讲话稿内容确定等。

③家访会谈有技巧

教师通过家访可以实地了解学生家庭生活环境和家庭状况。与家长谈心式地探讨教育问题，并直接提出教育建议，有利于形成学校与家庭良好的协作关系。全员导师制背景更是考验班主任联合家访的能力。如多摆事实，不讲观点；主动关心；换位思考；积极聆听；多提建议；等等。

（3）开展主题讲座、沙龙研讨、论坛分享等活动

①主题讲座：聘请校外知名专家给班主任作家庭教育德育讲座，提升德育视野。讲座主题有班主任的个人成长及心理健康、班主任家庭心理咨询技术、学会当"家校桥梁"班主任、班主任沟通训练技术、学做一名有教育情怀的班主任、"感谢自己的不完美"读书分享会等。

②主题研讨：对家教指导重点、难点问题进行研讨，帮助班主任更好地解决实际问题。涉及共性问题的可以在校级范围内进行家庭教育案例分享与研讨，涉及年级或部分学生的问题可以在年级范围进行。

③主题论坛：班主任优秀家校沟通案例分享，全体教师共同参与，营造共同研讨交流的氛围，发挥示范辐射作用。

④主题展示：班主任家教指导经验分享、主题班会播放家长微课或主题活动展示等。

⑤外出体验：学习兄弟学校优秀的班主任指导家庭教育的经验。

2. 因材施教，有效提升不同类型的班主任指导家教的能力

个别性的指导，指班主任对在班级里存在严重教育问题的家庭和有

突出问题的学生的家庭所进行的个别指导。一般采用家访或请家长来校的方式，进行面对面的指导。根据学校学生和学生家庭实际情况，班主任可以开展个性化服务指导。

要善于与不同层次和类型的家长沟通。在与家长的接触交往中，进一步了解班级学生家庭状况和家长的性格特点，进行再分类，掌握好与各种类型家长的交往艺术，以诚相待，使家教指导工作有针对性。如对于民主型班主任，主动请他们提出教育的措施，认真倾听他们的意见，充分肯定和采纳他们的合理化建议，并适时提出自己的看法，和学生家长一起，同心协力，共同做好学生的教育工作。

（1）针对性团队辅导

九年级学生学业繁重，部分家长压力较大，家庭中难免出现亲子关系紧张的情况。学校改变辅导方式，尝试有针对性地对部分家长进行以"觉察自我，改善沟通"为主题的团队辅导。

面对六年级家长辅导孩子成效不佳、面对七年级家长指导孩子交友不力、面对八年级家长指导孩子情绪管理问题……学校也给予有针对性的团队辅导，引导家长在活动体验、问题研讨中领悟科学的育子方法。

（2）家庭式心理咨询

学生成长过程中，难免有心理困惑，学校除了开设课程、开展心理健康月活动外，还要关注学生个体。排摸心理异常学生，联合班主任、任课老师、心理老师共同关注，预防在先，主动跟进。

（3）联合式家访

引领教师深入跟进特殊学生，有效促进家校合作和沟通。有初接班级时的班主任和任课老师的共同家访，有党员教师前往结对学生家庭的家访，有特殊学生的班主任、年级组长、行政人员的联合家访，有班主任和导师的联合家访，等等。

（4）师生结对式跟进

让老师和学校里特别需要关爱的孩子结对，给予学习上的指导、生活上的帮助、思想上的引领，有时根据需要送爱上门。如开展"梦圆校园""党团员爱心关怀""贤师帮教学生"等活动。

（5）个案指导法

兼顾每个家庭的独特性，做到因家施教。教师要针对个性化的家庭教育状况和诉求，充分掌握不同家庭教育实际情况，有的放矢，不断跟踪与反馈，分阶段、分类别地给予个性化指导。进行家庭教育问题诊断前，教师应尽量对家庭进行深入了解、访谈、记录，确定主要问题，通过与家长面对面的交流、互动，提出个性化解决方案。彰显个性还意味着教师的个人魅力、个性风格在家庭教育指导中理应受到重视与尊重。

总之，班主任在指导家庭教育的过程中，应该调动各个层次和不同类型家长的积极性，激发家长学习家教理论的兴趣和热情，端正家教指导思想，改进家教方法，体现现代的教育理念，使学校教育和家庭教育相互取长补短，拾遗补缺，协调统一，促进每一个孩子的全面和可持续发展。

3. 提高班主任家庭教育指导能力的途径

班主任要提高家庭教育指导效果，必须善于运用家庭教育途径。在实践中要求班主任能根据指导的内容，正确地运用下列的指导途径。

（1）公开民主，组建班级家长委员会

组建家委会；确定家委会管理团队；制定制度，规范家委会日常运作流程；协商讨论，确立班级的共同愿景。

（2）提供信息化交流平台

① 提供班主任、家长学习成长的课堂

学校有义务提供老师、家长学习成长的资源。聚焦"空中课堂"，学校借助上海开放大学家长学校"在线直播课堂"的话题式普及指导，如亲子关系、心理指导、习惯培养、亲子共读、劳动教育等主题，发挥学校三级家委会的组织作用。观念引领，触发家长反思和自省，最后通过微信交流分享。家长们学习热情高涨，普遍反馈喜欢这样的学习方式。

②设家长阅读交流的平台

家长需要不断学习，才能适应新时代孩子的成长。阅读沙龙，让家长和孩子共成长。在读书沙龙活动中，会提供推荐阅读的书单和杂志报纸，如《父母教育行为的50个细节》《孩子：挑战》《家有中学生：给青春期孩子父母的实用秘籍》《养育男孩》《20个父亲的教育智慧》《家庭教育》《家庭教育指导》等。

每年的读书节阅读沙龙，通过父子读信交流、亲子朗读、亲子讲故事，分享家庭教育故事和理念。在家委会的组织下，家长们还积极参加亲子征文活动，主动参选优秀"书香家庭"，其经验形成了家庭教育校本教材《家校合作共话成长》和《陪你一起成长》家长优秀征文专辑。

③给家长育子心得交流的机会

班级家庭教育经验交流过程，是共同探讨孩子教育背后理念的良好机会。有在班级家长会上，家长分享指导孩子健康生活、科学学习经验的；有劳动主题活动中，家长叙述"劳动小能手养成记"故事的；有心理健康月中，家长分享"云端"家庭故事的……班主任积极提供个性化服务，鼓励家长撰写"育子心得"，学校也发动各年级从中精选有思想、有理论、有方法的优秀经验，充分运用现代信息技术和学校微信公众平台等新媒体进行分享，为更多的家庭提供帮助，并借助区微信公众平台推送相关文章。

（3）提升班主任与家长沟通时的策略技巧

无论运用什么样的语言技巧，都要清楚，家校沟通首先不是呈现问题，而是寻找解决问题的途径。并且即使最大的责任在学生、在家长，班主任也不能完全推卸责任。沟通的话语里少一些"你"，多一些"我们"，让交流中充满温情，而不是问责。

① 把缺点说成特点

面对学生在校有问题的这种情况，可以先罗列孩子的优点，然后把缺点说成特点，进一步提出建议。

② 以退为进

先退一步，承认自己也有责任，因为部分家长由于知识和观念上的局限，片面地认为老师对其子女的惩戒可能有点儿"过火"或"不近人情"，所以，他们心里并不支持老师的做法。在这个过程中，班主任需要表明态度——养育孩子是学校和家庭共同的责任，然后再阐述孩子的主要问题，并提出解决方案，和家长商讨。如此一来，家校之间能找到一种解决问题的途径，一起为孩子的成长服务，又彼此尊重，避免冲突，家长也因为老师的尽心而更加配合老师。

③ 好家长是夸出来的

作为班主任，还应引导家长正确教育自己的孩子。在"夸"的过程中，帮助家长掌握教育规律，提高家长的教育理论水平和心理素质；帮助家长树立正确教育观念；鼓励家长学习育人知识。

④ 描述客观事实而不做主观判断

"表达"≠"听到"，"听到"≠"听懂"。新一轮社会的教育焦虑带来了家校关系的新挑战——家校关系正在遭遇信任危机。家校沟通的现状：形式日趋多样化，以单向沟通为主，不关注情绪，不关注环境，缺乏沟通技能，不注意文化差异，语言不当，等等，故而成效不理想。

【问题一】关注行为，还是直接评价？

当学生犯错时，要关注学生的行为本身，而不是直接用"不像话""很懒惰""没礼貌"等类似的词语来评价甚至贬低学生。教师不能只摆出问题，而应用具体的事例支撑自己的陈述，那么家长在和孩子谈话时也有据可依。老师如果只是提出孩子的问题，而不一起想办法解决问题，那么与其说是在与家长沟通，不如说是在向家长告状。也许家长早就发现孩子存在这种问题，只是苦于没办法解决，那么老师这样做除了加重家长的忧虑外，并不能获得更大的成效。当处于解决问题的层面时，描述事实其实就是在帮助学生和家长认识问题，这样的沟通方式才会更有效。

⑤ 指向孩子的成长，而非指向家长的错误

【问题二】设身处地，还是一味指责？

问题解决的前提是先倾听家长的困惑，体会家长的感受，以共情来获得家长的理解与支持！如果设身处地地站在家长立场上去看待问题，了解家长的处境，可以让家长体验到被理解、被尊重、被支持的温馨。

因此，老师要真正了解孩子和家庭，就要学会站在别人的角度看问题，尽量了解并重视他人想法，善于倾听、体谅、尊重和宽容家长。家长若在老师那儿获得共鸣，他们会愿意敞开心扉，与老师一起解决问题。如"家长的担忧，我们很理解，请家长放心。争取留一节课后服务时间。如果不行，就让我们一起想想办法。怎样提高家庭作业效率，你们有没有更好的办法？"

老师对家长的想法不能听而不闻，不可强硬批评，更要避免争辩。应体谅他们，根据家庭情况作出沟通策略的调整。老师应放下自己的情绪，激发家长的内驱力与行动力；老师应让家长有所得，给予具体、科学、有效的方法和建议。

如果老师直接指出家长的错误，通常会引发家长的不满，家长往往会为了维护自己的尊严而进行辩解，双方的关注重点会指向家长是否有过错，从而激化矛盾，造成对抗。因此老师在和家长沟通时，不应该直接指出家长的错误，而应把话题聚焦于学生的成长，这样会更容易和家长达成共识，形成合力。

不管是面对学生的作业、行规和家长困惑，还是课后服务、学生家庭处境和学生实际，充分尊重和信任家长，才有可能实现有效的家校合作。人人都是家校合作者，每一次和家长的对话都是家校合作的开始与延续。

沟通就是人与人之间的对话、交谈，沟通是老师的基本功。老师应在与家长沟通的过程中寻找共识、消除隔膜，最终解决问题，取得一致。记住，"沟"是方法，"通"是目的，而"情"是要义。解决问题只是沟通的目的之一，沟通更多是为了家校之间建立伙伴关系。让老师和家长之间多一些有效的沟通，更充分地享受教育生活。

4. 探索家长导师制，增强家校育人合力

通过探索家长导师制，让更多拥有一技之长的学生家长来担任学生们的导师，以发展不同的素养；让不同类型的家长导师分享自身的人生经历、特长与优势，把有效开发和利用丰厚的家长群体资源，作为发挥班级优势的主要切入点，让家长共同参与到班级建设中来，为学生的幸福成长提供更多选项和生命养料。

家长担任学生的导师，或为班级管理出谋划策，或为学生开设"家长课堂"专题讲座，或为学生创设进行参观访问、社会调查、社区服务等的实践机会……为学生了解职业、树立职业榜样、走向社会提供了机会。

家长导师制的实践活动无论是在内容上还是形式上，与学校内的教育模式相比，更具有开放性、灵活性和针对性。由家长担任活动的组织者、指导者，也给学生耳目一新的感觉，学生参与活动的兴趣更高。家长导师制实践活动还密切了亲子关系，达到了有效沟通。一方面，家长群体的教育资源得以有效开发和利用，家长的自身素质得以提高；另一方面，学校延长工作手臂，不仅消除了"5+2=0"的教育隐患，还取得了

"5+2>7"的可喜效果。

5. 创建家庭教育工作坊，给予家庭个性化的指导

组织班主任们创立"37度爱"家庭教育家长工作坊。这是一项全新的家校协同育人尝试，是家长与班主任、家长与专家、家长与家长共同构建、交流心得、坦诚分享、促发思索、共同探究的公共学习空间。"37度爱"家长工作坊由学校单向自上而下的家教指导方式，转变为家校双方互动的模式，从粗放统一的指导模式走向个别精细的指导模式，发挥"1+1>2"的协同融合效应。

（三）班主任家庭教育指导能力的评价

对班主任家庭教育指导能力进行评价，有利于激励和提升班主任的胜任能力。主要评价以下几方面：

（1）情感能力：班主任应尊重家长家庭教育责任主体的地位，尊重家长的隐私权和知情权，理性回应家长的教育需求。

（2）认知能力：班主任在开展家庭教育指导活动时，应当谨慎洞察所处的周边环境，明确教育对象的心理特征及其变化，并以此做出相应的回应。

（3）沟通能力：班主任通过口语交流的方式向受教者传输相关价值观念，使其理解并认同班主任的观念意图。

（4）协调能力：遵循与家长沟通的原则，明确与家长沟通的目的，把握与家长沟通的策略，掌握个案评估与干预的方法，也包括班主任沟通年级组各任课老师情况。

（5）管理能力：策划和组织家委会，设计与实施集体指导活动，建立与相关人员的合作关系。

（6）反思能力：在实践中反思研究分析与探索改进、专业提升与发展。

学校对班主任的考核一般会涉及班主任参与校内外培训情况、家校沟通的情况、处理班级相关事件的效能、每学期的全员导师制和家校合作等方面的案例、论文撰写情况、任课老师对班级班风班貌的评价、学生和家长对班主任带领老师们进行家校沟通的问卷调查等方面。在班主任每月考核和学期考核中，班主任家庭教育指导的态度和效能占一定的比例。

班主任是家长正确认识孩子的协助者、学生发展的指导者、学校政策的宣传者、家校关系的协调者，更是家庭教育的指导者。班主任任务较重、精力有限，如何减轻压力、提高效率？期待让更多班主任有机会与经验丰富的同行切磋交流，共同提升家庭教育指导水平，同时也要保证教师有富裕的时间参加相关的实践活动，增强家庭教育指导工作的实效性。

第二节　家校合作优化初中男生行为习惯的课程开发与研究

一、研究背景

学校在教育过程中发现，出现不良行为习惯的学生中，男生居多。通过对适用初中男生主题教育内容进行梳理，探索一套适合初中实际情况的"优化初中男生行为习惯的主题活动课程开发与研究"的实施策略，并在课程的实施过程中，探寻家校合作的新模式和新策略。

二、研究概述

1. 研究目标

在学校校训"厚德博学"和"让每一个南中学生都精彩"的德育目标引领下，通过对适合初中男生主题教育内容进行梳理，探索出一套适合初中实际情况的"优化男生行为习惯养成"的教育对策，形成有针对性的系列主题活动课程，并在课程的实施过程中，探寻家校合作的新模式和新策略。通过研究和实践，突破学生整体发展的瓶颈，提升教师指导男生健康成长的教育水平，提升学校的家庭教育指导水平，并进一步推动学校教育工作的发展。

2. 研究重点

（1）当前初中男生行为习惯教育的现状调查与分析。

（2）探究初中男生行为习惯培养的方法与途径。

（3）优化男生行为习惯的主题活动课程设计。

（4）家校合作中各类主题活动的策略。

（5）优化男生行为习惯的个案研究。

3. 研究亮点

（1）针对男生特点构建不同层次的男生行为习惯养成的系列课程。

（2）家校合作共同探究优化男生行为规范的策略，并开展个案研究。

（3）联合社区力量共同开展优化男生行为规范的主题活动。

4. 研究过程与方法

（1）前期准备阶段：通过调查研究法，及时了解初中男生行为习惯教育的现状。通过文献资料法，借鉴有益的经验和做法并进行学习、整理、归纳。

（2）研究实施阶段：通过行动研究法，围绕研究目标和内容，开展系列活动，进行实践探索。通过案例研究法，对男生行为教育进行分析、交流和思考。通过叙事研究法，就初中男生行为习惯教育实践的客观情况进行记载，积累教育研究资料。

（3）总结阶段：通过经验总结法，对优化初中男生行为习惯的主题教育活动课程的实施方法、路径、策略进行总结，积累有效经验和教训。同时，梳理优化初中男生行为习惯的活动和个案资料。

三、研究成果

1. 课题核心概念的界定

（1）家校合作：是指教育者与家长（和社区）共同承担儿童成长的责任，包括当好家长、相互交流、志愿服务、在家学习、参与决策和与社区合作等六种实践类型，家校合作是现代学校制度的组成部分。

（2）行为习惯：是行为和习惯的总称，习惯是在一定时间内逐渐养成的，它与人后天条件反射系统的建立有密切关系，它满足人的某种需要，因此习惯会起到积极和消极的双重作用。

（3）德育主题教育活动：是一种以学生为主体、以教师为主导，依据社会需要和学生成长的需要，遵循学生身心发展规律和道德品质形成规律，有主题、有目的、有计划地组织学生开展道德学习活动的一种课程形态。德育主题教育活动不以传授系统的道德知识为主要任务，而是强调通过各种活动，让学生在活动中感悟、在体验中内化，丰富或调整原有的认知结构，探求在具体情景下学生的最佳道德行为方式。

（4）主题活动课程：课程是指学校学生所应学习的学科总和及其进程与安排。广义的课程是指学校为实现培养目标而选择的教育内容及其进程的总和，它包括学校老师所教授的各门学科和有目的、有计划的教育活动。狭义的课程是指某一门学科。本课题研究的主题活动课程特指学校办学理念框架下的有目标有内容有主题的多形式的学校德育课程。

2. 问卷调查

（1）调查结果

开展关于"男生问题"的学生问卷调查，调查对象为六、七、八年级的200位男生。同步开展关于"男生问题"的教师调查问卷，针对本校的76名一线教师，设计了包括22个选择题、3个问答题的调查问卷，以此进行调查。

通过调查，发现行为习惯不良的方面男生多于女生，主要表现为以下几种情况：课堂开小差，心不在焉，做小动作；举止粗鲁，讲脏话；课间追逐打闹；和同学有矛盾易打架斗殴；作业潦草，做事粗心；自己不会安排家庭作业、复习预习功课或不按时完成作业；喜欢上网玩游戏、聊天；违反校规校纪；等等。这些行为分为外向性行为和内向性行为。班干部、团干部大多数是女生，学习的佼佼者大多数是女生，各项班级活动的积极分子也大多数是女生。

（2）原因分析

① 生理因素影响。初中男生已开始进入青春发育期，情绪易激动，内心深处开始了一段特殊的体验，不时涌起一股莫名的冲动。

② 心理因素影响。初中男生生理发育日趋成熟，性意识也开始萌芽。如果不能满足好奇和渴望，一些压抑过重的学生会通过与同伴的谈论、嬉笑和游戏，表露出对"性"的好奇，发泄内心的压抑，言谈举止带上了不文明的色彩。

③ 性格因素影响。不文明行为多发生在男生身上，而问题较严重的学生多为性格外向、情绪不稳定、经常有攻击性行为的学生。这类学生精力旺盛，情感体验强烈、持久，具有较强的模仿性，但思想认识易表面化、肤浅化。又由于他们思想幼稚，综合分析能力差，易受不良风气侵蚀，因此行为表现往往缺乏理性，喜欢用不文明的语言、行动去攻击他人。

④对男生行为特点认知不多，尊重不够。

教育神经科学的有关研究表明，对男女大脑结构进行MR影像测定后发现，女性胼胝体体积比男性的大，因此女性语言能力优于男性。而教师和家长对此了解甚少，对男女生采用相同的评价标准而无视性别差异，使得一些男生产生了习得性无助现象。

因为流经小脑的血流量多，小脑比较活跃，所以男生比女生更爱动。这些因素导致男生在静坐和久坐的过程中学习能力总体上不如女生，男生更擅长从肢体运动中学。传统的教育理念将男生的好动本性视为有行为问题，忽视男孩生理和心理发展的规律。

⑤社会、家庭因素影响。

第一，文化垃圾乘虚而入。

大量文化垃圾通过影视、书刊、录像等各种媒介，在社会上蔓延传播，误导学生的言行，腐蚀他们幼小的心灵。一些家庭的部分成员没有注意到这些内容对孩子的影响，或没有把一些不该让孩子接触的物品、资料保管好，从而导致这些模仿性强而思想不成熟的孩子的行为习惯容易出现偏差。

第二，过于呵护的家庭教育影响男生的心智发展。

独生子的成长环境本就少了性别差异，家长过于保护孩子，更使男生难抵风雨，心智发展速度减缓。

第三，简单粗暴的处理有时会强加在不听话的男生身上，使他们"屡教不改"。

第四，家庭成员间的关系对中学男生行为问题影响较大。亲密度的得分越高、矛盾性的得分越低，则违纪、攻击性的得分越低。

（3）提出相应对策：因"性"施教。

①改变看待男孩的视角，改变对待男孩的方式，改变对男孩的要求。

②让男生在活动中体验，培养不同年龄层男生的责任心、意志力等

良好品质。

③给予男生更多的机会，重视男生的成就欲的培养。

④加强家庭教育的指导。

⑤加强家校合力指导。

⑥谨慎、个性化地评价男生。

3. 优化男生行为规范的方法和途径

（1）观念把握，以生为本，善待男孩

面向全体学生，让学生全面发展，以人为本、以生为本，结合学生特点，给学生合适的舞台，让他们展现自己，找到自信，成就自我。

对"精力旺盛"的男孩，善于引导他们，在男孩语言能力和表达能力的弱项上帮助他们；对生性顽劣好动的男孩，从另一个角度去发现和挖掘他们的"闪光点"；面对叛逆期的男孩，寻找合适的沟通方式去激励他们；碰到爱冲动的男孩，慢慢引导他们化冲动为冲劲；面对有个性、任性的男孩，张扬他们的个性，发挥他们的特长；面对犯错的男孩，用艺术化的处理塑造他们的灵魂；依据青春少男非常在乎周围少女对自己的看法这个特点，让男生们在异性的鼓励下逐步变得优秀；依据男孩天生就具有的"英雄情结"，帮助他们种下自己的"英雄梦"！

青春期的男生天性活泼好动，调皮贪玩，喜欢探险和刺激，这是他们认识世界的独特方式；同时，他们又缺乏自制力，遇事不冷静，极易冲动，放任自己，率性而为，易被外界诱惑。为师者、为父母者就是要握紧手中的线，让男生如风筝般在天空中翱翔，而不是失去控制，以致飘零放纵；就是要当好引路人，让男生如跋涉者，在前行中渐渐步伐稳健，而不是迷失方向，以致误入歧途。教育男生能放能收，既呵护其阳刚、热情、活泼之天性，又在其骄纵之时敲响警钟，促其自省，如此才能真正把他们培养成合格的男子汉。

（2）明确要求，优化阵地，营造氛围

① 明确养成教育要求。

要学生养成良好的习惯，必须让学生知道要养成哪些习惯，应该怎样做，不该怎样做。同时让学生对照要求进行自评、互评，制定出近期个人目标和班级目标，并利用周会课，根据近期个人目标和班级目标进行对照检查，近期目标达到就定出下一个努力目标，没有达到就查找原因，继续努力。制定近期目标能够使行为习惯的养成教育做到了具体化，增强了行为习惯养成教育的针对性和实效性。

② 优化教育主阵地。

调动全体教师的工作积极性与责任感，加强教职员工对男生的认识，充分发挥广大教师在加强学生行为习惯养成教育中的主力军作用。

第一，丰富体育活动，满足男孩们的运动欲望，使其释放充沛的运动能量，强健体格。

第二，在课堂上应照顾男孩的特长和缺陷，对好动和内向的男孩多关心爱护。

第三，学生干部要多培养一些男孩，发挥他们的才能。

第四，心理健康教育者要普及心理健康知识，对男孩加强青春期性健康教育。

第五，为男孩提供班级活动的空间，引导男女同学正常交往，使男性适应女性的行为方式。

第六，允许男孩在校闹腾，使男孩的过剩精力得到一定的发泄，但发现打架斗殴现象要及时阻止，提高男孩的自律能力。

第七，给男孩更多的自由、更多的理解、更多的活动空间，适时纠正他们的缺点，多表扬他们的优点，男孩就会变得稳健、可爱和有能力。

（3）关注习惯，分层德育，构建课程

从学生身心特点与认知水平现状出发，系统梳理他们行为习惯养成的目的、要求和内容，系统构建以分层化、主题化、活动化为特征的系列活动。

表8-2-1　不同年级男生课程内容安排

年级	教育活动内容	方法途径（相关活动）	习惯养成目标
六年级男生课程	遵守规则的习惯	班级岗位自主认定活动	男生值日岗位的自我认定，涉及卫生值日、常规检查、报修等岗位活动。让每个同学都发挥自己的一技之长，在班级中找到适合自己的工作，树立起责任心，增强规则意识。通过军训活动，培养军人般坚韧的意志，培养守规则的习惯
		军训活动	
	文明礼仪习惯	值周班值勤活动	多让男生参加学校每周值周班各岗位、运动会志愿者的值日，让他们在全校师生的面前展现他们的文明礼仪。让男生一起参与环保活动，爱绿护绿，增强他们的文明意识
		运动会志愿者活动	
		我和小树有个约会	
	认真学习的习惯	线上线下优秀作业评比	从一开学就学习了解初中的学习习惯，培养认真读教材、把握学习的关键环节的好习惯。同时也开拓视野，培养阅读课外知识的良好习惯
		读书节、元宵灯谜活动	
		小升初衔接常规学习训练	
七、八年级男生课程	友善待人的习惯	课本剧、心理剧展演	让男生积极参演课本剧、心理剧、读书节配音秀活动，培养团结协作、友善待人的习惯
		读书节配音秀比赛	
	志愿服务的习惯	农垦实践活动	让男生在农垦实践中体验农作的辛劳，培养珍惜劳动成果的意识和习惯。在感恩活动中，培养感恩身边人、服务他人的意识和习惯
		感恩服务	
	自信表达的习惯	演讲辩论赛	让男生与女生协作进行辩论、演讲、经典诵读，发展男生短板，提高自信表达的勇气和能力
		经典诵读比赛	

续　表

年级	教育活动内容	方法途径（相关活动）	习惯养成目标
九年级男生课程	积极参加体育锻炼的习惯	早锻炼活动、运动会	在体育游戏中发挥男生爱运动的特长，从而使其增强体质、提高体育技能。在运动会中培养男生集体主义精神、协作精神、坚强的毅力、强健的体魄
		体育小游戏	
	进行职业体验	"职业小达人"活动	引导男生及早确定人生目标。通过基地参观、职业人访谈、产品制作、职业角色模拟、走近父母单位等活动，发现自身的职业兴趣，启蒙职业理想
		学生职业规划指导	
	进行自我心理调适	男生心理团体辅导	让男生学会在困难面前不退缩，在压力面前不畏惧，培养自我心理调适及自控能力。培养男孩睿智果敢、应变表达、团结协作等素质
		心理减压讲座	
六至九年级男生课程	发展良好兴趣的习惯	篮球、手球、街舞、跆拳道、科创、无人机等城市少年宫活动	培养男生的自信心、自强精神，给更多男生发展自我兴趣的机会，让男生们张扬个性
	参与社会实践的习惯	雏鹰假日活动	培养男生的自主精神。每一个寒暑假，组织雏鹰假日小队走入社会，参加志愿活动。让男生们一起参与红色文化之旅，抒爱国情怀；开启世界之窗，赴外地游学，拥有更广阔的视野。培养他们热爱社会、热爱人民、关注外部世界的意识，使其了解革命传统、民族精神对于自身和他人的重要意义。
		井冈山夏令营、英国游学	
	争优进取的习惯	"优秀之星"争章、"阳光礼仪男生"评选	培养男生的自尊。通过评选活动，让学生感知榜样就在身边，同时也促进了良好学习氛围的形成。让男生们明确良好的行为习惯养成目标，并给他们以榜样激励

续 表

年级	教育活动内容	方法途径 （相关活动）	习惯养成目标
六至九年级男生课程	团结互助的习惯	"祝福初三"团体体验活动	通过六至八年级人人自制千纸鹤、写祝福语，培养学生真诚祝福他人的美德和团结互助的习惯；培养九年级学生学会感恩身边的人、感恩集体的美好品质

4. 家校合作主题活动的策略

家庭是学生的第一所学校，家长是孩子的第一任老师。家庭环境的优化对学生文明行为习惯的养成起着重要作用。优化学生行为习惯，单靠教师的力量是不够的。所以，教师要经常与家长联系，互相交流教育心得，密切注意学生各方面的变化和发展。

（1）夯实常规，畅通家校沟通渠道

一是坚持开展经常性的家访。通过电访、信访、面访等多种形式做好家访工作，及时与家长交流、探讨教育对策，以"真情"和"爱心"赢得广大家长的好评和积极配合。二是成立三级家长委员会，创建家委会值班制。让家长走进校园，走进班级，参与班级管理，及时给予学校意见和建议。在参与班级管理的过程中让家长了解学校在培养学生良好习惯方面所做的努力，争取家长支持，形成合力。三是通过家校联合调查研究，了解知行脱节的原因以及培养良好行为习惯的成功经验，找准家教起点。四是通过召开家长会和为家长开设专题讲座，交流培养孩子良好行为习惯的典型经验，帮助家长端正教育思想，纠正一些家长对子女过于娇纵，或教之过严，或简单粗暴，或放任自流等不正确的教育方法。父母要帮助男孩培养理想的男性特征，多和他们谈心，促使他们增强责任感。提高家长家教水平，引起家长对孩子良好习惯养成的重视，为孩子提供一个较好的家庭教育环境，使家校教育同步。

（2）开展活动，搭建家校沟通的桥梁

以家校合作主题活动教育为载体，培养学生核心素养，优化学生的行为习惯。

① 举行家长开放日活动，畅通父母与孩子的沟通渠道。

通过每年召开一次的"好习惯培养"专题家长开放日，把家长请进学校，向家长介绍学校教育教学的进程、学生习惯培养的状况与存在的问题，了解家长在教育孩子过程中遇到的问题及困惑，促进家校合作。通过教师及家长发言、"家校合作培养好习惯"主题班会，表彰有好习惯的学生、家长、家庭，使家校合作共促学生幸福成长。活动中，家长之间交流和切磋教育孩子的经验体会，互相影响，互相取长补短，从而激发和培养家长强烈的教子兴趣，提高家长关注孩子教育的热情，增强家长教子的自觉性。

一些男生不够自信，不善于与家人交流，故请家长进课堂，一起参加亲子游戏，一起评比收获等。活动中，男生们也能主动自信地参与其间。

② 提供彼此沟通的平台，增强责任意识。

美国品德教育联合会主席麦克唐纳曾说："能力不足，责任可补；责任不够，能力无法补；能力有限，责任无限。"男孩如山，未来要承担家庭、社会等各方面的责任，对男孩责任感的培养是其成长中不可缺少的一项。

学校近几年每年举办"共同托起明天的太阳"的大型学生、家长、老师共同沟通交流的活动。学校的节庆活动，如体育节、健康月、读书节、艺术科技节等，邀请家长一起参与观摩、亲子游戏等，指导孩子学会沟通，增强责任意识。

活动中，男生不太外露的感情，在活动中也迸发了，牵着父亲或母亲的手，模拟走漫漫人生路，与家长、老师一起做信任游戏，给家长、老师、义工们主动系上蓝丝带，共同书写对未来的憧憬，与家长紧紧拥抱，大多数学生是第一次大胆表达对父母、老师的感恩和爱。活动中，男生们也和家长一起游戏、欢笑、交流。

③00后初中男生亲子交往的心理辅导策略的探究。

第一，发现男生亲子交往的心理困惑，梳理归纳问题。

在对学生的调查中，我们发现男生在亲子交往方面存在较多心理困惑。在"我不理解爸爸妈妈的事"问卷调查中反映较多的问题有："家长总认为成绩不好是手机害的，视力不好是玩手机、看电视害的；我妈不让我边听歌边写作业；为什么在饭桌上问很多的问题；为什么别人没有写完作业就可以玩游戏，而我写完了所有作业都不可以玩游戏；为什么父母做错事情时我发朋友圈，他们却说丢脸，那他们干吗要做；为什么要没收一切电子产品；为什么大人总要躲到厕所里玩手机……"

在讨论"父母不理解我的事"中，学生回答"爸妈不理解我为什么不想理发？为什么喜欢和朋友打游戏？为什么一说到哪个明星就说我追星？为什么总要买笔、买鞋？为什么不听话？为什么宅在家里？为什么做事拖延？为什么总把书带到厕所里看？为什么不让我和隔壁的小朋友玩？为什么不让我多喝奶茶？"等等，指导学生体验家长的不易，了解家长们工作养家、教育孩子、自我成长的过程。

第二，针对困惑，对家长开展亲子沟通指导教育。

在家长的反馈中发现，当问及家长"你知道你对孩子学习的投入和参与会对孩子产生哪些影响吗？你知道如何帮助孩子养成好的阅读习惯吗？孩子的榜样是谁？为什么感觉孩子最近不爱和自己交心了呢？"父母表示自己对孩子成长中出现的问题感到措手不及。如何缓解孩子和家长的焦虑情绪，让亲子沟通畅通？

利用家长会、学校开放日等对家长开展亲子沟通指导主题教育，如"小升初的衔接""青春期的误区""学生情绪和行为的根源""爱让每个心灵绽放"等主题教育活动，以此缓解家长的焦虑情绪，做智慧家长。高质量的亲子沟通才能满足孩子的成长需求。如孩子踏进中学校门时没有做好中小学的衔接，会出现对学校适应不良的心理问题：学习适应不良是中学生中常见的一种适应型障碍，中学生往往由于学校适应不良，严重影响学习。要让家长了解孩子出现问题时主要表现在情绪、行为、生理功能三个方面，家长尤其要关注男生的教育。

开展学校亲子体验活动，提高亲子沟通艺术。在开展"亲亲一家人"亲子活动中发现，孩子们最关注"有温暖的家"，其次是"父母是自己的榜样"。

通过活动，孩子们与家长一起合力吹气球，家长如同回到童年时代，体验孩子们的快乐，最后有几个孩子和家长紧紧拥抱在一起，在发表感言时，孩子们说平时家长总板着个脸，不敢接近，慢慢觉得父母不再亲近。家长坦言，自己平时出差在外，很少关心孩子，只问学业，考差了就打一顿或训斥，没有给他们更多的爱，以后会注意改变教育方式。通过亲子体验，发现男生们更需要彼此的沟通交流，男生们和家长对此有深刻的体会。

实践研究表明，对于初中男生亲子交往问题，通过寻找对策，调适学生的心理状态，运用积极心理学原理，设计辅导方案，多渠道开展心理健康教育活动，学生状况有较大程度的改善，同时，青春期异性交往、亲子沟通和自信心的培养也有较大起色。

④挖掘家庭中的"美"，传承并发扬优良家风。

结合区文明城区"好家风好家训"的创建，进行学生家庭中的"好家风""好家书"评选；结合南桥镇"学习型家庭"的评选，学习"最美家庭""学习型家庭"的事迹故事，向学生们传递担当家庭责任的意识。

（3）家校结对，为不同层次的男生圆梦

学校关注男生的成长，帮助需要帮助者圆梦，帮助迟滞者进步，使优秀者更优秀！学校、家庭、师生帮教结对，合力给予学生关爱，培养学生的责任意识。

①帮助需要帮助者圆梦，使其感受关怀。

男生们自我管理能力相对较弱，尤其是假期，部分男生的自律能力更是堪忧，因此，学校可以开展下列活动：

联合家访活动，班主任、任课老师和行政人员等联合家访。如此一来，男生可以得到来自不同教师的关怀。

"梦圆校园，爱在南中"主题活动：向学生征集"美丽小梦想"，党员、团员结合个人实际，发挥自身优势、特长，对接圆梦者的真实需求，积极履行承诺，兑现梦想，接力爱心，为孩子们圆梦。

党员暑期爱心男生的活动：学校支部发动，对各班的特殊学生进行排摸汇总，让每位党员认领一名学生，在假期进行跟踪教育、关心、帮助。让男生们在学习、生活方面的良好习惯得以巩固。

②关注迟滞者进步。

根据对学困生的交流和观察，可以发现他们的学习基础薄弱，学习习惯较差，导致知识点脱节的情况。作为任课老师，要关注课堂效率，播下信心种子；鼓励他们发挥特长，呵护信心小芽；指导学习方法，催开信心之花。

组织教师结对帮教特殊男生，走进家庭、主动邀请、平等沟通。对特殊家庭男孩子进行个性化教育，通过几次家访，指导学生及其家长相互理解，促进亲子间的沟通。

对于那些迟滞的孩子，应随班就读、送教上门。让他们更热爱生命，让他们更阳光、自信！

（4）提供平台，分享教育智慧

学校提供平台，发挥学校、年级、班级家委会的作用，共同分享教育智慧，共同研讨优良家风。学校请他们进来，也带他们出去，如参加市区级家庭教育研讨活动，观摩他校的家教主题活动，等等。平时，各班级家委会也分别设立自己的QQ群、微信群，彼此分享讨论教育的好方法、好举措。

假期，组织家长们一起参加亲子征文活动。在海选中，挖掘优秀的男生教育案例，学校召开了以"共享教育智慧，齐扬优良家风"为主题的校级年级家委会和家庭教育故事分享的家长会议。

分享家长们的育儿故事、教育智慧，有家长自己带来的，也有上海市第三届新空气教育主论坛中的"家庭教育与学生核心素养培养"案例。于是，大家一起聆听了精彩的家风故事并分享了感受。

老师的男生教育个案交流，学校特别安排在教师的教育案例中，引导关注男生；在班主任例会中，在学校的德育论坛中，交流男生教育的经验教训。

（5）与高校联手，共同实施男生教育

几年来，学校邀请华东理工大学的志愿者一起开展男生的自我认知、亲子活动、男生读书系列活动等，增进自我认识和与家人间的感情，更增强了男生的自信心和坚毅的正能量。

在自我认知的主题班会中，通过调查问卷、看视频讨论等形式，让男生对自己有一个正确的认知和判断，了解一个男生所必须具备的优秀品质。

在亲子活动中，通过家校共同疏导、围坐畅谈、亲子运动、亲子游戏、亲子共读等方式，让男生们开始对自己有一个正确且积极的认知，变得更加自信和阳光。

四、主要效果

在学校主阵地和家校联合的力量下，推动男女生均衡发展，营造自信进取的学风，全面提高全体学生的整体素质，并以此为支点，撬动整个学校学风的优化、声誉的提高。

1. 男生的行为习惯明显改善

（1）增强了男生讲规则、守纪律的意识

学生能做到有序地集会和做操，中午学生养成了排队打饭的习惯。

（2）自觉养成讲文明、行礼仪的习惯

很多男生见到老师开始主动问好，能与同学和睦相处。

（3）涌现了一批有国家级、市级、区级、校级发明创造，讲道德礼仪的阳光少年

让有特长的男生们燃起他们热爱科学的热情，让有爱心的男生传承中华传统美德。

由陈初阳同学为队长，宋智涵、黄翔、朱艺涵为队员的学生小队成功申请上海市学生创新创业团队，并且已经在上海市科技艺术教育中心签约，荣获市、区级青少年科技创新活动奖项。其中，陈初阳同学的"带有固定鞋带扣的运动鞋"项目已经取得了国家专利，获区青少年科学院小院士称号，科技创新项目获专利商品化转让科技创新专利项目，研究论文获得全国二等奖，并荣获第十二届"中国少年科学院预备小院士"称号。

九年级（3）班男生钱晨被评为第六届奉贤区中小学生"道德实践风尚人物"、"明礼诚信"最美少年。

2. 男生教育的经验在区级以上展示交流

陈初阳同学带领的"带有固定鞋带扣的运动鞋"发明项目得到国务院副总理张高丽的亲切咨询；2017年4月21日，上海市委书记等一行人亲

临上交会"上海市青少年科技发明成果展"现场，认真观看小发明家们的创造发明，也细听了学生创新创业团队的介绍。2017年6月，"南中创客"社团（由几位男生组成）获区第三届学生活动节"百个特色社团"之一。

男生教育的实践经验在上海市"家庭教育与学生核心素养培养度"新空气教育分论坛上得到分享。

男生支点项目"凝聚家校力量 共助男生成长"在开展区级经验交流。

学校依次刊出含家庭教育男生、教师教育男生的家长征文专刊和家校教育合刊。

3. 初步形成"理想中的男生标准"

男生应该具有哪些优秀品质？座谈调查结果显示："阳光""自信""上进""有责任感""助人"排在了前五位。"阳光"高居榜首。之后，学校将"阳光"解读为"健硕、乐观、直率、勇毅、担当"，郑重喊出"培养阳光男生"的口号，并确定了"阳光男生培养模式"，即确定一个目标——人生目标，培养两个好习惯——生活好习惯、做事好习惯，拥有三颗心——自信心、进取心、责任心，培养四个"自"——自尊、自控、自强、自立，旨在帮助男生不断认识自我，发现自我，挑战自我，完善自我，努力成为"阳光男生"，为自己的人生负责。

德润人心，教化人才

第九章

队伍建设，塑魂育才

第一节　主题培训绽芳华，班主任发展谱新篇

随着班主任专业化建设的不断深入，一些新的问题不断出现，如：怎样提高班主任专业化培养的针对性和实效性？如何及时解决班主任工作中遇到的问题？怎样让年轻班主任尽快胜任班级管理？如何更好地实现班主任队伍教育艺术与智慧的整合？尤为关键的是，在学校里是否可提供引领班主任向专业化发展的舞台？能否充分挖掘校内的资源？

学校近三十个班级，班主任趋于年轻化。班主任团体内有较大的差异性，需要充分的能力提升和资源互补。根据学校实际情况，进行有序、有效的主题式培训活动，促进班主任向专业化发展。恰当而切近的引导，微格化的培训，具体可感，具体可用，具体可创。为班主任提供时间与空间、经费与教材方面的支持，培养班主任自觉学习的好习惯，努力提高自己的专业化水平。

一、优化青年班主任"第一次"的主题培训，指导其进入新角色

每学期开学初，特别是新生进校，往往是班主任工作的关键时期。能否顺利地带好一个班，起始阶段非常重要。青年班主任更需要"第一次"的主题培训，让每一位班主任在做每一项工作之前"备好课"。

1. 开学前"迎接"准备主题培训

包括正式见面之前的"见面"，如何阅读学生的档案，按来自不同小学、是否独生子女、是否单亲家庭等归类。

让学生了解"第一次"的、"非同一般"的你：第一次在学生面前亮相、讲话，第一次接受报名、代缴费，第一次布置任务、排座位，开学的第一天……

2. 第一次与家长见面的主题培训

学校家长会上，新班主任与其他十几位年轻的新教师第一次面对坐满教室的陌生家长，却表现得十分从容、大方、得体，这是因为会前对他们进行了特别培训：其一，认识到第一次家长会的重要性；其二，做好充分准备——心理准备和具体内容备课；其三，摆好心态，谦虚而有信心；其四，具体内容指导，包括自我介绍、班级介绍、学生近阶段情况反馈等；其五，下阶段班级管理、学科学习的计划；其六，作自我承诺；其七，对家长提一些建议，另外，会后作个别交流。

对学生上课须备课，与学生家长交谈等更须"备课"。"第一次与家长见面"培训非常有效。让家校真正架起沟通的桥梁，让学生的未来在共同的肩膀的承托下腾飞！

二、优化"班会课"实践的主题培训，打造班会课"品牌栏目"

对班主任来说，主题班会不仅是学校德育的一个重要载体，更是保持自身专业化发展的一门基础性"看家本领"。我认为，打造一些班会课的"品牌栏目"，会让班级管理从外压趋向内省，从枯燥说教走向引导体验，从主观经验走向理性探究。

每学年都安排一次主题班会评比，如"弘扬民族精神，提升班级文化""手拉手，让生命更精彩"等以"两纲"教育为主题的班会课评比，让班主任在活动实践中提升能力。设定主题班会评价表，设有五大项二十小项评价指标。一看主题是否鲜明，切合实际；二看组织是否有序，活而不乱；三看内容是否充实，形式是否活泼；四看效果是否整体良好。每一小项分A、B、C、D四类分值，最后计出总分，写出等第，并用文字表述评价意见。

同时，组织班主任研讨"怎样上好一节主题班会课"，其程序是：

（1）由一位班主任根据班级和学生的实际情况拟出提纲；

（2）本年级或全体班主任参加集体备课；

（3）班主任集体听主题班会课；

（4）由该班主任说课，其他班主任集体评课。这样，班主任们参与到班会课的各个环节中去，畅所欲言，激发了学习的活力。

班主任结合班级学生和身边的故事进行教育，感动了大家。班主任自身也在活动中经受了一次历练，锻炼出组织协调等综合性能力，提高了专业发展水平。

三、优化"资源互补"的主题培训——沙龙式互动活动，相互支招

组织邀请部分老教师和外校教师参与，切实解决班主任在教育实践中的困惑，提高班主任参与学习和研究的积极性和实践能力。

1. 多向交流探讨间的"支招"

给年轻班主任提供经常进行交流的机会与平台。

在班主任例会上，特邀担任班主任工作一至三年的十二名老师召开座谈会。会前发出书面通知，并请班主任在工作方面可做好三至五分钟的发言准备。发言内容（可任选一项或几项）：做班主任的甜酸苦辣，班主任工作的成功案例，班主任工作的经验教训，今后班主任工作的思路等等。

交流研讨气氛融洽和谐。班主任们畅所欲言，有时激动，有时忧郁：有家访的感悟，有常规教育的得失，有与家长学生交流的尝试，也有集体活动后的收获，还有处理问题学生的困惑……

研讨会了给新班主任交流的平台，也使学校更了解他们的工作实况和心态，使班级管理更有效，便于学校工作推进。

2. 学校领导和老班主任的"支招"

碰到具体的主题实践活动，如每年运动会开幕式"方队表演"的学习排练指导。选取前几年精彩方队表演的录像片段，播放并研讨。由班主任带着班中少许班干部一起观看，回到班内共同讨论。设想班级展示主题、形式、运用道具、动作样式等。

又如学校开设班级文化建设"软件"设计和"硬件"布置，侧重对班主任实施操作前的酝酿指导培训。不同年级学生、不同班级奋斗目标、学生养成目标、不同的班主任个性等造就了不同的班级文化。向大家介绍以前优秀的班级文化布置，并进行实地参观。

根据本校班主任队伍的情况，充分鼓励各班主任发挥其学科优势、人格优势、特长优势，并进行优势互补，借鉴学习。在以"班主任管理特色"为主题的经验交流中，老师们充分认识到，每个人都是优秀的，尽管自信地发挥自己的优势。每个人都是值得学习的，可择其善者而从之，其不善者而改之。

四、优化"经验"的主题培训，创建自己班级的管理特色

集中学习讨论"经验"——强调团队学习。

建议班主任课余时间阅读教育书文，组织观看有关VCD教育经验介绍，共同研讨工作中棘手的难题或共同的问题。在读后交流心得，观后思考，借鉴运用，讨论后实践。

尤其是主题为"魏书生的班主任经验之谈"VCD学习等一系列活动。让班主任们一起学习新的理念：为学生服务的思想，与学生建立互助的关系。学习魏老师的有效管理——计划系统、监督检查系统、总结反馈系统；学习魏老师的韧、仁、恒的精神；学习魏老师通俗浅显、形象生动的教育比喻。

各班主任震惊于魏老师当班主任的轻松状态，更羡慕这样的实效。大家在观后讨论中畅所欲言，关注自己的教育观，关注自己和学生的关系，关注班规实施的有效性，关注对待偏差生的态度和方法，关注教育语言的艺术性，关注工作中自己的情绪控制……在学习讨论中不断提高班主任的教育管理水平。

大家一起借鉴各教育专家理论，提供学校德育工作的共性和个性问题进行探讨，让班主任提供成功的案例和需要解决的难题，进行交流与探讨。提高班主任工作策略的针对性。

班主任主题式活动培训的意义在于：为班主任服务，为班主任工作服务，为班主任专业化发展服务，不断激发班主任自我建设的积极性和

创造性，让班主任真正成为工作的主人，达到想做、争做、会做班主任的目的。

第二节 苔花如米小，也学牡丹开
——"班主任学苑"培训的故事

每天，每所学校，每位班主任都会陷入琐事和忙碌之中，"忙""累""紧张"是他们的共同感受，有些人因此感到工作被动、不快乐。

也有部分班主任会唠叨——

"今天我们班这个学生又说谎了，怎么办？"

"我们班这个孩子最近最好进行一下心理咨询，跟她说了几节课，她也没说几句话。"

"和这位家长联系几次了，他的孩子还是没变化，有什么办法？"

……

面对部分班主任工作积极性不高、工作没有激情——不愿做；面对班主任在管理班级中，处理班级问题、与学生和家长沟通中的问题——不会做。学校该怎么办？

应该让班主任走专业化道路，促进班主任专业发展。由此学校成立了"班主任学苑"，开展了一次次的专题培训活动——

一、自我成长篇

1. "引领学生度青春——教师自我成长"的团队辅导

年级组长、班主任们在松江区学校心理健康、家庭教育教研员王银花的指导下，以马蹄形的围坐方式开始活动。首先，王老师以一个轻松愉快的游戏让老师们热身。在接下来的交流中，王老师从中学生的心智成长方面结合一系列鲜活的案例进行了系统分析，启发教师对青少年碰到的一些困境、学生事件背后隐藏的原因进行分析，并找出作为教师可以"用力"的地方，与此同时，要学会自我调节，释放压力，拥有阳光心态，畅享美好人生。王老师的辅导亲切而富有感染力，从一个个鲜明的实例入手，分析解剖，使老师们对今后青少年心理辅导及自我发展有更深入更有效的借鉴和指导。

2. "感谢自己的不完美"的读书分享会

"班主任学苑"体验心理健康专家沈之菲教授的指导。

首先，班主任们针对武志红的《感谢自己的不完美》一书进行了一句话感受分享。

"书中的一句话'父母要跟上孩子的节奏'启发我要从孩子的角度看问题！"

"这本书我在这个暑假几乎看完了，我觉得我更加平静，想得更明白！面对学生的问题，不能只看表面，要学会发现背后的缘由。"

"这本书的题目很吸引人，里面很多案例告诉我们如何解决自我、他人的问题，要深挖问题的根源。"

"我班上有几个学生有心理问题，我对这些问题也束手无策，看了这本书之后，我感觉要学会自我调节。"

"我看到'愤怒是对愤怒者的保护'这一章，想到了自己在愤怒时一定要用语言表达出来。"

"正视自己的坏习惯，不断改进，不断进步！"

……

"一千个读者有一千个哈姆雷特"，读同一本书，哪怕同一句话，不同的人也有不同的联想和感受。

沈老师对班主任们的分享做了很好的解读。她由古希腊神庙里的"认识你自己"这句话，道出了认识人生真相的意义。她坦言，很多事只能让我们获得短暂的快乐，人生真正的快乐在于认识自己，深知自己才能长久地幸福。同时，她还现身说法，分享了她的故事和感想。"人生中有两个东西会让你觉醒——真理和苦难。"并告诉我们，面对痛苦，我们先要理解痛苦的根源，然后分析接受它，最后改变它。

两次活动让大家意识到忙碌之余亦要关爱自身，不良情绪和身体疾病都是信号；成长就要直面现实，包括任何苦痛；接受我自己，哪怕有缺点，不完美就是真实。

二、助生成长篇

1. 心理咨询技术的辅导

上海市中小学心理辅导协会教育心理高级教师袁胜芳带领大家感悟"沙盘游戏与情绪管理"。

第一环节，集中听讲交流。袁老师从介绍沙盘游戏这个师生沟通的媒介开始，让大家了解它的应用、模型、摆放及其所代表的笔迹学九宫格。袁老师以自己和他人的作品为例向老师们进行讲解，告诉大家沙盘游戏必须经历自我分析，能给咨询师启示，更让大家明白老师们默默陪伴学生的心理能量的重要性。然后对照一些沙盘作品，让老师尝试对此提问。袁老师进而告诉大家沙盘游戏的个别辅导和团体箱庭制作的方法和注意点。

第二环节，亲身感悟。在心理老师徐美英的协助下，教师们来到沙盘面前，亲身感受团体箱庭制作的程序。每一位班主任拿取一件自己喜欢的模型，依次放在沙盘中，最后成了一幅作品，大家共同起名为《度假》。

最后，班主任们主动询问袁老师，共同感受着这积蕴着集体无意识和原型的沟通，积蕴着心的灵性和创造的"沙盘游戏"。

2."学会当教练型班主任"团体辅导

班主任学苑有幸邀请到国际教练联合会（ICF）在中国第一批认证的专业教练张洁老师，连续两次为年级组长、班主任开展主题培训。

在第一期培训中，张老师首先用生动的身体语言和有趣的故事介绍了教练技术的起源，让大家了解到教练技术在欧美国家和国内企业界流行多年，深受欢迎。接着，张老师通过让大家头脑风暴，思考"教师、导师、教练""心理咨询师、教练"的关系，达成共识：在智能时代的趋势下，教师要从传统的传授知识角色，更多地转变成导师和教练。随后，张老师讲解了一个重要的公式：高绩效=潜力-干扰。

教练技术的核心思想是帮助学生清晰自己的目标，激发学生的潜能，减少学习的干扰，调整到最佳的状态，实现自己的梦想。

当好一位教练型班主任，会听和会问是要掌握的第一项基本能力，张老师和助教老师即兴表演了三种沟通场景。

在大家的期待下，张老师又为老师们精心准备了第二期培训，开场热身游戏"无声的生日排队"激发了大家学习的热情。

紧接着，张老师让30多位老师两两组队，通过变换不同的坐姿和提问方式（听到了什么？感受到什么对你是最重要的？还有什么是你没有说出来的？），训练"听"的能力，巩固第一期培训成果，让大家领会到教练就是教和练，没有练就不是教练。

在最后的环节中，老师们绘制了自己的生命之轮，从自我成长、健康、家庭朋友、职业发展、金钱财富、环境、娱乐休闲等角度给自己打分，张老师分别请两位班主任从教练的角度为助教老师的生命之轮提出建议：

（1）你要实现什么目标？

（2）现在你在哪里？

（3）你有哪些选择？

（4）接下来你要做什么？

三、外出研修篇

班主任、年级组组长一行外出参观了上海市松江区东华大学附属实验学校，优美的校园环境、超前的硬件设施给大家留下了深刻的印象。校园门口的荣誉栏是扎实丰富的课程建设、全面深入的文化建设的体现。

老师们前往上海市松江区民乐学校进行参观交流。老师们先在民乐学校副校长杨柳的陪同下参观了校园环境与专用室建设，同时，在杨校长的介绍中，老师们感受到了民乐学校以文化建设引领学校内涵发展、以民主管理促进学校和谐发展、以课程建设促进学校全面发展、以信息技术促进学校跨越发展的治校方略。

随后，老师们参与了民乐学校"最美的时光 最好的我们——2018学年第二学期班主任工作总结会"，德育主任包慧麟细致全面的工作总结、生动的育人小品展示以及班主任代表的育人小故事分享，让老师们较为全面地认识到了民乐学校扎实的德育工作。

虽然民乐中学的学习之旅时间很短，但课程建设、资源利用、育人理念等令老师们大开眼界，给予了老师们很多启发，对今后南桥中学的德育工作、班主任发展有十分积极的作用。

下午，在民乐学校的会议室里，上海市德育特级教师洪耀伟带来了一场主题为"学做一名有教育情怀的班主任"的精彩讲座，分享了自己二十一年的德育经验。

洪老师围绕"打造特色育人环境和班级文化""寓教于乐，让学生在活动中成长""走出课堂，让学生在生活中成长"和"终身学习，为专业化发展奠基"这四方面展开。洪老师用幽默的话语分享了一个个鲜活的教育案例，讲述了他在班主任工作中的收获与幸福，点滴故事中透着他对学生浓浓的爱。在讲座的最后，洪老师以"春风风人，夏雨雨人。其始也细，其至也巨"与全体教师共勉，教育之可贵，在其如缕缕春风，滴滴雨水，润物无声，终成大化。大家惊叹，洪老师如此多的荣誉称号的背后，是一直以来的不懈努力，是对学生对工作对生活的热爱，是满腔的教育情怀！

四、自我提炼篇

一年一次的学校德育分享会让班主任在不断学习实践中，不断反思提炼，收获成长！

张卫洪在《心中有靶心，拉弓有实效》中分享了老师要正确理解"责任心、尽心、齐心、热心"，班主任的责任心、学生的尽心、任课老师的齐心、家长的热心，四方同"心"，劲往一处使，才能使班级快速前进！

陆剑舞老师在《活动引领新时代的小蚂蚁》中分享了温馨班集体的创建经验。以班级活动为载体，打造积极的班级精神。同时，营造班级文化氛围："温馨书屋"熏陶人、"成长感悟墙"激励人。一场班级活动，成就一群孩子的梦想；一场班级活动，激活一群人的思想情感；一场班级活动，抒写一个班级的成长历程！做好班级活动文化，拓展孩子梦想飞翔的天空。

庄美花老师的《多挖掘"潜力股"学生和学生的潜力》，朴实的分享蕴含了哲理：一个老师的一言一行，就有可能改变孩子的一生。提醒老师多关注一些学困生，这类学生最有潜力，数量最多，我们有时需要"预支优秀"；教育的艺术不在于说教，而在于唤醒、激励、鼓舞。

著名诗人道辉说："我们无法把水珠从水里挑出来。"作为教师，我们真的能确认谁是优秀的，谁是糟糕的？爱因斯坦做不好小板凳，却提出了相对论；丘吉尔拼不好文法，却改变了历史。作为教师，我们无法把水珠从水里挑选出来，因此，只有治理好整条河流，让它欢快地奔向小河，流向大江，汇入海洋。用欣赏的态度、期待的眼神、赞美的语调、宽容的心境、平和的话语，告诉每一位学生，你们都是独特的一滴。

董丽老师的《真诚对待家长，实现家班共育》，仅仅一年的班主任经历，她却收获了稳定的班风、家长的积极配合和自己的快速成长。她现身说法地告诉老师与家长沟通的秘诀：需要"接地气"，通俗易懂，因人而异。有时需要教师适当学会放弃自己的立场，并非必须一次把观点表达得格外完整，占据所有的主动话语权才算圆满解决问题。教育是情感的沟通、情感的交融，只有用真情，才能共同育好人。一腔真情常投入，一片深情永相随。

一个个值得探讨的主题有待进一步挖掘，如班主任主题班会的开展，和谐师生关系的营造，如何渗透心理健康教育，如何创建特色班级，如何挖掘班级之最，如何纠正学生的不良习惯，如何有效地进行家访，如何处理突发事件，如何开好家长会，如何帮助学生适应新的学习环境，如何进行文明礼仪教育，如何有效提高学生学习效率，如何进行生态文明教育，如何培养学生的劳动意识，如何充分利用家长资源指导学生和家长，等等。

五、反思

正如天气可能左右我们的心情，校园环境和氛围也可能左右老师的工作方向与效力。因此，给班主任营建一个学习氛围浓厚的团队，无疑可以激发他们德育创新的内在潜能和动力。

面对班主任队伍中的"不愿做""不会做"，大家在"班主任学苑"中一起学习，一起探索，一起进步！在校本班主任专业发展共同体建设方面，面对班主任的实际问题，开展有趣并有效的集中培训，结合实践探索和网络研修，加快班主任专业自主成长。

（一）从关爱自身、做健康人始

一个不会关爱自己的人，是不是也不会懂得怎么去关爱别人？德国哲学家雅思贝尔斯在《什么是教育》一书中说：教育就是一棵树摇动另一棵树，一朵云推动另一朵云，一个灵魂召唤另一个灵魂。点亮别人的前提是自己要有满满的热量和光芒——首先学会爱自己！爱自己，才能爱别人，爱孩子！

"引领学生度青春——教师自我成长"的团队辅导中，班主任们意识到自己是重要的决定性因素，意识到"关照自我"的重要性，意识到要具备充分的做一个健康普通人的心理准备。同时，大家在互动体验中，明白了要学会"读懂学生"，明确"知行合一"，让学生感受到来自老师的重视，争做学生生命中的贵人。

如何爱自己？爱自己，就从认识自己、接纳自己开始；爱自己，以便今后蓄积能量，更好地工作。

于是，"感谢自己的不完美"读书分享会为大家提供了一个了解自己的途径，帮助大家更好地直面学习、工作、生活中的不如意，只有打开感受的管道，看清负面情绪背后的深层需要，才能真正认识自己，从而悦纳自己，阳光前行！

诚然，教育的根本任务是关注人的精神世界，教育的根本法则应该是像云朵推动云朵一样地靠人的精神力量去影响他人的心灵，促进他人精神力量的健康成长。

只有幸福快乐的教师才能教出幸福快乐的学生，只有不断提升教师的职业幸福感，教师的教育教学行为才会充满深情、饱含热情、富有激情，才会充满智慧的火花。当我们全然接纳自己和接受改变时，就是幸福教育的美好开始。

（二）以专业引领、积蓄能量续

1. 做学生的心灵导师

那次班主任的心理咨询技术个体辅导，让大家切身感受到沙盘游戏的魅力在于有趣、在于放松、在于体验。原本好似距离很远的心理辅导，其实每个班主任也能尝试。

班主任团队以此为起点，学以致用。在不久的"心理健康月"活动中。班主任们带领更多的学生来到心理室，体验沙盘游戏、打沙包、发泄室带来的放松等。在更多的实际操作中，让自己和更多的学生感受沙盘游戏的魅力，让大家的心灵更宁静、光亮。

2. 做学生人生的教练

那两次教练型班主任系列培训，新颖的培训主题，生动幽默、妙语连珠的讲解互动，与众不同的场地布置，手绘的教案，让老师们忘却要批改的作业和繁杂的事务，全身心地投入实践中，这也是教练技术的真谛——明确目标，调整心态，然后不断去做，并且做到，创造成果，达到目标。

两次培训让班主任明白：在工作中，最核心的就是学生的思想教育和班级的日常管理。如果深入地分析，班主任工作就是为学生排除干扰的工作，包括内心的干扰和外部的干扰。排除内心的干扰，就必须做好学生的思想工作；排除外部的干扰，是进行班级文化建设，并做好日常管理工作，营造一个良好的学习环境。如果能够减少学生所受的各种干扰，学生的表现一定会更好。

老师们进一步了解到"听"的三个层次：

我（Me）——只关注自己，听不到孩子的"不同想法"和意见；

你（You）——听到了孩子的声音，知道了他们的意图、他们的答案，也许和老师心里的答案不同，但是让孩子感受到了自己被接纳和被尊重；

我们（We）——不仅听到了孩子的声音，了解了他们的意图、他们的答案，老师还听到了自己内心的声音，如此可以更好地帮助孩子打开心扉，找到内驱力，减少干扰，发挥潜能。

智能时代需要创新的人才，更需要学生懂得生命的真谛，知道如何活出真实幸福的人生。因此，在他们的成长过程中，班主任能成为他们人生的"教练和导师"，会更有效地引导孩子健康幸福地成长。

（三）采他山之石，也学牡丹开

采他山之石以攻玉，纳百家之长而厚己。教育的最高境界不是被动地接受，而是因学习而交流，因交流而获得，因获得而成长，遇见更好的自己，成就更美的德育。

正如班主任们的感言："虽然我们在中高考的指挥棒下教书育人，但不可以单一的成绩衡量一个孩子，孩子的发展是可以多元化的。作为基础教育者，我们在平时的教育教学中要学会结合学科特点，扬长避短，帮助学生寻找他们发展的突破点，学做一个有情怀的老师。"

"每一个孩子都是独一无二的花，有着不同的花期。用发展的眼光、发现美的眼光，用爱心、耐心和细心去呵护、等待每一朵花的美丽绽放，如此方能学会做有情怀的老师。"

"班主任学苑"，走访名校，遇见名师，收获满满；我们展露论坛小舞台，取长补短。求学博观而约取，问道勤学以笃行。

随后，班主任、年级组长们多次围坐一起，针对学校的《家庭教育指导手册》和《班主任工作成长手册》两份德育校本教材进行研讨。大家就不足和存在的问题进行了积极的讨论，共同商讨了改进的良策，有的指出题目的改动，有的提出框架顺序的调整，有的增添一些家教指导项目，有的建议加入一些体现学校特色的内容……大家畅所欲言，因德而聚，为育而谋。

"苔花如米小，也学牡丹开"，班主任们都甘做"苔花"，绽放于讲台，践行教育。班主任们的专业自主成长还在实践探索中，我想，当我们坚持守住初心，守住自己的课堂，守住自己的教室，守住自己的良心，总有一天，"牡丹"遍地开。

第五篇

以**德**炼钢，服务社会

第十章

家庭教育，筑梦启航

第一节　"37度爱生源"家长学校课程群研究

一、研究背景

1. 政策实施的要求

根据《上海市学校德育"十三五"规划》（沪教委德〔2016〕36号）、《上海市教委等关于进一步加强家庭教育工作的实施意见》（沪教委德〔2017〕7号）文件精神，要加强家庭教育指导，构建社会共育机制，争取家庭、社会共同参与和支持学校德育工作。

多年前，全国家校社协作与教师发展论坛在奉贤区举办，提出建立家庭—学校—社会的协作伙伴关系，指出家庭教育指导能力是教师的基本技能之一。

因此，学校和家庭形成教育合力离不开家长和教师自身家庭教育指导能力的提升。

2. 家长成长的需要

孩子的成长离不开家庭，孩子的健康成长离不开幸福家庭。家长往往这样说，有爱的家庭就是幸福的。真的是这样吗？有很多家庭不缺少爱，但彼此不认同、不理解。尤其是家长们一直困惑：为什么他们为孩子真心付出了很多，但孩子还是没有朝他们期望的方向发展，亲子之间也时有矛盾？

那什么样的家庭才称得上是幸福的？社会学工作者在调查研究的基础上综合了两种标准——"自我感觉家庭幸福的标准"和"他人感觉其家庭幸福的标准"。我认为不管是哪种标准，总少不了的是：家庭成员之间关爱与欣赏、积极沟通，能够齐心协力地解决家庭的困难，家庭管理比较民主、科学。

有科学的爱的家庭才是幸福的。家长很需要科学的指导和实践，他们也愿意学习、成长。

3. 学校育人的要求

学校构建以"生长教育"为核心的校本课程体系，旨在尊重每一个南中学生的生长规律，创设适合每一个南中学生成长的教育环境，激发每一个南中学生自主生长的动力，让每一个南中学生每一天都健康、快乐地生长，让每一个南中学生都精彩。学校多年来实施分层德育（见表10-1-1），丰富教育内涵，两次获得区优秀项目。

表10-1-1　生长教育分年级德育目标

	六年级 生存—养成教育	七年级 生活—健康教育	八年级 生命—感恩教育	九年级 生涯—励志教育
课程目标	做好小升初衔接，以"南中好少年、习惯我先行"为主题，立规成习，培养学生良好的行为和学习习惯，迈好中学教育第一步，让生存教育深入人心，让学生在学习和生活中能做到独立、自主、自理	培养学生生活和劳动常识，锻炼生活和劳动技能，提供生活过程的实践体验，使学生树立正确的生活观念和目标，养成良好的生活习惯，能正确处理自己与他人与社会的关系，学会赞美他人、与他人合作	加强生命、安全、道德、法制教育，引导学生认识生命的意义，理解生命、善待生命，发掘生命的意义并珍惜生命，树立生命价值观，激发学习动机，增强学习兴趣，学会正确对待成功与失败	进行理想教育，帮助学生更好地认识自己，发现自己，明确学习目标，掌握科学有效的学习方法，培养可持续的学习能力，为学生的终身发展打好基础，做好升学和生涯规划

学校重视家校协同育人建设，在前期家委会的努力下，初步搭建了家长与教师面对面交流的桥梁，受到家长的高度认可和欢迎。但目前仍然存在一定的问题亟待解决，根据政教处对家长的访谈调研和班主任的日常沟通反馈，发现家长对孩子的教育倍感焦虑，存在三个明显特点：第一，缺乏科学的家庭教育知识；第二，多种原因导致家庭教育问题；第三，破解家庭教育难题还未形成合力。

要解决上述问题，加强家长学校建设是重要途径之一。家长学校指的是配合学校教育的实施，以中小学生家长为主要对象，以传授家庭教育的科学知识和方法为主要内容的一种教育形式。

学校将家长学校命名为"37度爱生源"："源"意味着源头，南桥是奉贤乃至南上海区域的历史之源、文化之源、生活之源，承载着整个区域的老城复兴梦想，学校正处于"南桥源"项目的中心地带，其意义深远。"生"取自南桥中学"生长教育"理念，即遵循学生的生长规律，促进学生的自主生长。"爱生"是教育的源头，也是教育的根本，更体现了教育的过程。

"37度爱"：37度是人体的正常体温，37度的爱能给孩子全身心的温暖。37度爱的家庭是爸爸爱妈妈，妈妈爱孩子，妈妈和孩子一起爱爸爸。父母关系越好，孩子的身心就越健康。营造健康、和谐的家庭关系是学生健康成长的前提和保障。

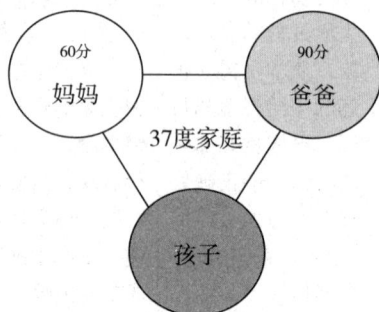

图10-1-1

二、项目实施目标

源于学生实际，源于家校资源，充分挖掘激发家校全员爱生的潜力，营造多元化的学习环境，打造丰富多层次的家校合作模式，注重爱生的过程指导和实践，创建原生态的家长学校。提高家长、教师的家庭教育指导能力，让每一个南中学生都健康、快乐地成长。

学校把家庭教育指导工作作为办学育人的重要内容，努力引导家长树立正确的教子观念，掌握科学的教育方法。学校开设家长学校，开发微课程，初步形成分层德育的家庭教育课程。

1. 学校层面实施目标

（1）建立一套分年级、分层的家庭教育指导校本课程体系，包括：

① 开发六至九年级家长家庭教育指导培训课程。

② 开发班主任家庭教育指导培训课程。

③ 开发任课教师家庭教育指导培训课程。

（2）开发一套分年级的家长家庭教育指导手册。

（3）组建一支家庭教育指导校内外工作团队，负责家庭教育指导校本课程开发、实施与评价。

（4）举办区级以上家庭教育主题论坛及沙龙活动。

（5）发挥学校家庭教育指导工作在本区的辐射示范作用。

2. 家长层面实施目标

培养一支具备家庭教育指导能力的家长队伍，每个年级每班至少有两名家长成为学校的家庭教育指导宣讲团成员。

3. 教师层面实施目标

培养一支具备家庭教育指导能力的教师队伍，每个年级每班至少有两名教师成为学校的家庭教育指导宣讲团成员。

三、项目实施内容

根据学校生长教育校本课程体系，制定不同年级家长学校的实施目标，围绕4个模块开发课程主题，系统构建各年级有效衔接、目标明确、内容丰富的校本化家庭教育指导课程，并通过专题讲座、读书会、团体辅导、经验交流等形式，或采用以问题为主线、活动为载体、体验为收获的互动体验教学形式实施，具体项目实施内容见表10-1-2。

表10-1-2　不同年级家长学校的实施内容

年级	课程模块	课程目标	实施时间	课程主题	实施方式
六年级	生存—养成教育	1. 引导家长做好小升初衔接，认识学生进入初中以后身心变化的规律，培养学生良好的行为习惯。2. 指导家长帮助学生养成良好的学习习惯。3. 引导家长帮助学生学会独立、自主、自理	8月份	如何做好初中学生家长	专题讲座
			10月份	沟通理解合作	专题讲座
			11月份	如何让孩子顺利度过小升初衔接	专题讲座
			12月份	爱心手拉手　成长心连心	亲子活动
			2月份	我的家风故事	读书会
			3月份	培养孩子良好习惯	专题讲座
			4月份	正面管教	团体辅导
			5月份	携手并进迎接七年级	专题讲座
七年级	生活—健康教育	1. 引导家长学会教导学生生活和劳动常识，锻炼生活和劳动技能，养成良好的生活和劳动习惯。2.指导家长帮助学生树立正确的交友观，培养社交能力	9月份	如何构建幸福家庭	专题讲座
			10月份	如何培养00后孩子的交友观	专题讲座
			11月份	家校合力　培养良好习惯	专题讲座
			12月份	爱心手拉手　成长心连心	亲子活动

年级	课程模块	课程目标	实施时间	课程主题	实施方式
七年级	生活—健康教育	3.培养家长亲子沟通能力，改善或强化亲子关系，营造和谐家庭氛围	2月份	我的家风故事	读书会
			3月份	家长压力舒缓	团体活动
			4月份	如何与孩子高效沟通	专题讲座
			5月份	携手并进迎接八年级	专题讲座
八年级	生命—感恩教育	1.引导家长让学生学会感恩，学会理解爱和责任。2.引导家长认识生命的意义，帮助学生树立积极的生命价值观。3.指导家长学会激发学生学习动机，正确对待成功与失败	9月份	青春期家长的困惑	专题讲座
			10月份	读懂青春期孩子	专题讲座
			11月份	同心沟通　助生成长	专题讲座
			12月份	爱心手拉手　成长心连心	亲子活动
			2月份	我的家风故事	读书会
			3月份	让爱更有力量	专题讲座
			4月份	沟通，从"看见"开始	团体辅导
			5月份	携手并进迎接九年级	专题讲座
九年级	生涯—励志教育	1.引导家长正确看待、把握学生的中考目标。2.指导家长应对学生常见的心理问题和学习问题。3.引导家长帮助学生更好地认识自己，做好初中升学和生涯规划	9月份	初中孩子生涯发展	专题讲座
			11月份	察觉自我　改善沟通	团体辅导
			12月份	亲子、家校趣味游戏	亲子活动
			2月份	吹响中考号角	专题讲座
			3月份	加油考生　父母减压	专题讲座
			4月份	分析形势　寻找对策	专题讲座
			5月份	祝福初三	团体活动
				初高有效衔接　成就美好未来	专题讲座

四、课程研究策略

1. 课程研究的思路

实施课程研究的主要目的不在于验证某种理论，而在于解决家校育人的实际问题，提高家校合作的效率，实现课程的内在价值。因此，本课题采取"问题—设计—行动—反思"过程开展"37度爱生源"家长学校课程研究。

（1）以问题为导向

强调解决家校育人过程中存在的真实问题，将真实问题转化为可研究的问题。

（2）设计：用高效课堂助推

当发现某个值得追踪的家庭教育问题之后，在接下来一系列的课堂教学行动中，细心地设计和确定解决该问题的基本思路与方法。其核心是以家长为本，让家长学会主动学习，培养家长的实践能力。

（3）行动：既要执行，更要再创造

教学行动是指将设计好的教学方案付诸实践。行动不仅意味着观察事先所设计的方案能否解决问题，而且意味着创造性地执行事先设计的方案。根据家长的实际学习状况和教学过程中的突发状况，灵活调整教学方案。

（4）反思：用"我口"说"我心"

在"37度爱生源"家长学校课程研究的过程中，反思是贯穿始终的。既需要教师与家长之间、教师与校外专家之间的合作，也需要教师个人的独立思考并"发表"自己的意见。教师要善于用个性化语言或实践性语言说出自己的心得体会，讲述自己的家庭教育故事，说出自己内心真实的喜悦或困惑，这就是用"我口"说"我心"。

2. 课程研究的策略

要形成校本课程研究的良好氛围，必须解决好以下问题：

（1）改变教师的角色意识，探讨家庭教育校本教研的具体开展方式，开辟多样化的研究途径，逐步建立校本课程研究的保障机制，从制度、时间、条件、指导督促、交流合作等方面为校本课程研究创造宽松的环境，逐步发现和培养一批骨干家庭教育指导教师，共同探讨课程研究具体开展的方式、途径，建立课程研究的工作机制。

（2）制订翔实的课程实施计划，每一项计划都要做到人员、内容、组织保障、检查督促四落实，通过完善制度保障，促使课程研究活动由被动变为主动，由自发走向自觉，由无序走向有序。

（3）定期就家庭教育的疑难问题开展集体会诊活动，以问题为中心开展课题研究、集体攻关。课题研究成果可作为今后教学的范例，将其做成微课程放到网站上展示，供大家自由讨论。

五、课程评价

1. 严格落实家长课程设置规划

做好检查监督工作，充分听取教师、家长的意见和建议，以全面提高家长家庭教育水平和促进学生素质全面发展为根本目的，广谋良策，促进学校家长课程工作的有序开展。

2. 加强对家长课程实施的反馈和改进

在注重对家长的成长需求的了解和有针对性的培训基础上，加强对家长困惑是否解决的了解和反馈，同时不断改进。

3. 开启家长成长积分制度

调动和激励家长教育主体性和积极性，全面参与孩子的成长过程。每个家庭成长积分为100分，到学期末按照总分评优。积分获得途径包含"37度爱"家长学校线上或线下培训活动以及学校常规活动，如家长会、亲子活动、军训、运动会、公益活动、征文、读书会等。

另外还包含参与"37度爱生源"家庭教育中心管理，如参与学业部、活动部、宣传部、保障部、课程部等任何一个部门工作。附加包含为班级和学校教学或管理献计献策、为班级和学校做出重大贡献或获得荣誉等。

积分兑换，积分多的家庭可优先考虑评选智慧家庭、乐学家庭、奉献家庭、书香家庭、和睦家庭等；可获得家教指导服务，如提供一对一心理咨询、生涯咨询服务、校领导咨询服务、校外家庭教育心理健康教育类讲座服务等；也可以兑换图书、文具、学习卡等实物。

六、课程保障——健全机构，保障有力

1. 家教工作规划明确

学校把家庭教育指导作为办学育人的重要内容和年度重点工作，不断深化家校协同育人，引导家长重视家庭教育，提高家长的家庭教育水平，形成教育合力，营造良好的育人环境。

2. 家教工作机制健全

学校建立"家庭—学校—社会"的协同机制，成立由校长、分管校长、政教处主任、年级部主任、家委会主任、未保教师、心理教师、对口居委主任组成的"家庭—学校—社会"协同育人领导小组，建立协同育人新体系，制订家长学校工作计划，定期召开联合工作会议，并结合学期德育工作研讨会、家委会工作推进会、学校与社区联谊会等总结工作目标、措施的落实情况，反思存在的不足，解决遇到的问题。家校社协同育人工作组织管理机制如图10-1-2所示。

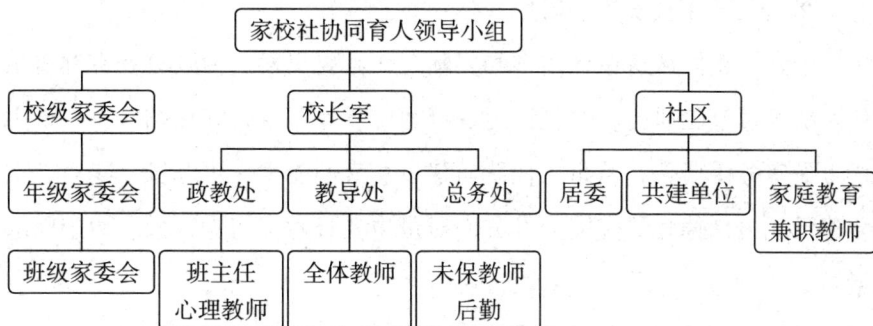

```
                    ┌─────────────────────┐
                    │ 家校社协同育人领导小组 │
                    └─────────────────────┘
┌──────────┐          ┌──────────┐              ┌──────────┐
│ 校级家委会 │          │  校长室   │              │   社区    │
└──────────┘          └──────────┘              └──────────┘
┌──────────┐  ┌──────┐ ┌──────┐ ┌──────┐  ┌──────┐┌────────┐┌────────┐
│ 年级家委会 │  │政教处│ │教导处 │ │总务处 │  │ 居委 ││共建单位 ││家庭教育 │
└──────────┘  └──────┘ └──────┘ └──────┘  └──────┘└────────┘│兼职教师 │
                                                            └────────┘
┌──────────┐  ┌──────┐ ┌──────┐ ┌──────┐
│ 班级家委会 │  │班主任 │ │全体教师│ │未保教师│
└──────────┘  │心理教师│ └──────┘ │后勤  │
              └──────┘          └──────┘
```

图10-1-2

每年学校联合居委、共建单位协同组织、实施多种形式主题的教育活动，共同解决学生安全防范、家校沟通、家庭暴力、监护缺位等家庭教育问题。目前已签约的共建单位有奉贤区鼎丰厂、奉贤区档案馆、南桥消防支队、杨王村、南桥镇航务所、北街居委等。此外，学校与华东理工大学长期合作，借助高校资源，由大学生志愿者带队开展系列主题活动，提升学校家校合力对于男生教育的影响力。

3. 家教队伍建设有力

（1）培育教师家教指导能力

通过专题讲座、德育论坛等形式，从理论和实践层面提升教师家庭教育指导水平，让教师把指导家庭教育纳入自己的工作计划。

（2）培育班主任家教指导能力

作为连接学校教育和家庭教育的桥梁与纽带，班主任对学生、家长最了解。因此，学校打造"班主任学苑"品牌项目，从以下三个方面提高班主任专业素养，提升班主任家庭教育指导能力：

① 开展班主任校本培训

通过专题讲座、团体辅导、外出观摩、德育论坛、读书会、展示活动等形式帮助班主任掌握有效的家校沟通与合作方法。

②开发班主任实务手册

于是，我们从班主任培训和实际工作需要出发，由政教处带领班主任团队经过三轮研讨，共同商讨、撰写《甘作苔花，守住初心——班主任工作实务手册》，从班主任队伍建设、育心能力、主题班会能力、文化建设能力、德育研究能力等方面对班主任日常工作进行系统而全面的指导。

③重视班主任教科研成果

班主任们现身说法，撰写《家庭教育辅导个案》《与家长有效沟通个案》等论文，汇编入学校《南桥中学教科研专辑》案例论文集。

（3）组建家长学校专家团队

家长学校结合实际情况，制订每学期工作计划，通过学校培养（例如派送教师参加上海市学生德育发展中心组织的家庭教育指导者培训、上海市家庭教育高级指导师培训、区家庭教育骨干教师培训）和外聘等方式，组建一支家长学校专职队伍，实施面向家长的家庭教育课程和面向教师的家校指导课程。

学校建立家长资源库，根据家长的爱好、社会能力、职业资源等进行调研、归纳与分类，形成丰富的家长资源。家长来自各行各业，相对于教师和学校，具有不可取代的专业和职业优势，邀请家长进课堂，他们不仅可担任班会课的讲授任务，而且可担任文化课的讲授任务。将家长资源融入学校课程建设，不仅拓展了校本课程资源，也让教师开阔了视野，有利于在对学生的教育教学中深化内涵，提升品质。也可成立南桥中学家长志愿者资源库。

七、课程群之设计案例

六年级家长生存—养成教育课程

（一）课程设计背景

1. 家庭教育的重要性

大部分职业都会有岗位培训，考核合格后才能持证上岗。唯有父母这个职业，在孩子出生后，没有经过任何关于家庭教育的培训就直接上岗了。

上学之前，孩子一天到晚最亲近的人就是父母，父母的言行举止，孩子每天可见可闻，如果父母的习惯不好，孩子无形之中也会养成不良的习惯。进了学校之后，放学回家，孩子还是和父母在一块，父母的一举一动会直接或间接影响孩子。

①家庭教育由妈妈一人独揽，造成孩子生活自理能力低下，无法独立。

② 爸爸只承担孩子的学习、生活费用，对孩子的性格养成、情商提升、眼界开阔缺乏帮助。

③ 父母不会和孩子交流对话，更多的时候是个"统治者"，而不是可以平等交流的伙伴，他们最喜欢用"我这还不是为了你好"来控制孩子。

④ 父母在各种极端的育儿情绪中不能自拔，只会让孩子学习知识，没有让孩子学会面对世界。

2. 家庭教育与学校教育的关系

有的家长认为把孩子送到学校，教育孩子的任务就交给学校了，孩子的一切教育都和学校有关，孩子品行不端正是学校的责任，孩子作业写不完是学校的责任，孩子成绩不好是老师的责任。这种想法是对孩子最大的不负责任。

学校教育离不开家庭的支持和配合，因为家庭固有的血缘关系，感性和伦理道德等内在的关系，家庭教育直接影响着学校教育的效果。家庭教育不到位，不仅会抵消学校教育的效果，还会给孩子发展造成一定的消极影响。因此，真正有价值、长久性、深刻性的教育是家庭教育，家长要和学校站在同一阵地，同学校密切配合，启发和督促孩子认真接受教育，共同促进孩子的健康成长。

（二）课程设计意图

1. 六年级学生发展特点

（1）生理特点

六年级学生一般为11—12岁，属于人体发育的少年时期，总的来说，身体发育处于增长率高峰阶段，发育指标的增长出现第二高峰。身高、体重、胸围、肩宽、骨盆宽等指标男生12岁时达到高峰，之后的增长率逐年迅速下降；女生均自8—9岁开始突增，12岁达到高峰。因此，六年级学生相对而言，属于身体发育的最高峰时期。

（2）心理特点

六年级学生的集中注意能力有所发展，集中注意力、专心致志的时间可达30分钟左右。六年级学生的思维方式从具体形象思维向抽象逻辑思维过渡，但仍然是同直接与感性经验相联系，仍然具有很大成分的具体形象性，六年级学生仍习惯于模仿实际动作。

男女生均显露其各自的心理特点，出现相互反感的倾向。集体意识有所发展，已不满足无规则要求的游乐性游戏，特别喜爱有一定规则的竞赛，愿做体力和智力相结合的游戏。

（3）学习特点

由于学习科目和学习难度的增加，六年级学生完成作业需要花费很大的精力，占用许多时间，提高学习效率显得十分重要。除了主要课程之外，六年级学生还应涉猎一些自然科学和社会科学的内容，作为以后学习的基础。有精力的学生可以对接触到的新知识进行主动的钻研，在学习中遇到许多疑难题目，不要轻易地寻求一个答案就放过去。

2. 六年级家长的主要任务

面对孩子从小学升入初中的转型期，家长应特别关注孩子的学习节奏、学习难度、学习方式、学习环境等不适应的状况，注重"常规衔接、心理衔接、家校衔接、学科衔接"，注重对孩子初中学习、生活习惯的教育，如校规校纪、综合素质评价、学习行为规范、学习过程与能力评价等。

作为家长，在关心孩子的同时，应注意交流的方式和语言，让孩子学会与同学、家长、老师多沟通。只有这样才能避免认识上、行动上的片面性、绝对化，使孩子少走弯路，逐渐走向成熟。

家长应充分了解初中学习、生活的基本要求和基本方法，以更好地帮助和督促学生养成良好习惯并在家庭中落实，形成教育合力，达到对学生"共同教育"的目的。在家里营造让孩子能安心学习的环境。

表10-1-3 初中学习、生活的基本要求和基本方法

序号	培养目标	具体措施
1	适应变化的学习环境	初中的突出表现为"三多"：课多、书多、老师多。不少孩子感到不习惯，对功课应接不暇。 家长要引导孩子合理安排时间和精力，不要只重视班主任的课而忽视其他科任教师的课
2	养成良好的学习习惯	让孩子养成科学作息、守时专注地读书听课、勤学好问、独立钻研问题并自我验收等学习习惯
3	学会科学的学习方法	中学的学习任务很重，学校已把学习方法指导列入教学内容，家长要积极配合。一般强调五个环节：①预习；②听课；③笔记；④复习；⑤作业
4	明确智力上要"三过渡"	初中一年级与小学高年级在智力培养上既有衔接又有发展，要完成三个过渡：一、在感知方式上，由以听觉型为主转变为以视觉型为主，重视观察能力的培养。二、在记忆方式上，由以机械记忆为主转向以意义记忆为主。三、在思维方式上，由形象思维向抽象思维过渡。要鼓励孩子学会独立地对学习材料进行综合、判断、推理，发展思维能力

3. 六年级家长生存—养成教育课程目标

（1）引导家长做好小升初衔接，认识学生进入初中以后的身心变化规律，培养学生良好的行为习惯。

（2）指导家长帮助学生形成良好的学习习惯。

（3）引导家长培养学生独立、自主的意识，以及自理的能力。

（三）课程设计内容

1. 课程设计主题

表10-1-4　六年级家长生存—养成教育课程安排

实施时间	课程主题	实施方式	课程性质	课程课时数
8月份	做好初中学生家长	专题讲座	必修课	2
10月份	沟通理解合作	专题讲座	必修课	2
11月份	让孩子顺利度过小升初衔接	专题讲座	必修课	2
12月份	爱心手拉手　成长心连心	亲子活动	选修课	2
2月份	我的家风故事	读书会	读书会	2
3月份	培养孩子良好习惯	专题讲座	必修课	2
4月份	正面管教	团体辅导	选修课	2
5月份	携手并进迎接七年级	专题讲座	必修课	2

六年级家长生存—养成教育课程共8节课，每节课2个课时，共16个课时。在实施上采用"必修（10课时）、选修（4课时）、读书会（2课时）"三类课程结合的形式。详见表10-1-4。

2. 课程设计内容

表10-1-5　六年级家长生存—养成教育课程内容

课程主题	课程内容
做好初中学生家长	让家长了解孩子在学习、行为、思想等方面的变化，引导家长积极做好家校合作工作
沟通理解合作	让家长掌握亲子沟通的技巧，提高沟通的有效性

续　表

课程主题	课程内容
让孩子顺利度过小升初衔接	让家长了解常规衔接（习惯养成）、心理衔接（科学调适）、家校衔接（形成合力）和学科衔接（学法指导）
爱心手拉手　成长心连心	通过亲子互动拓展活动，让家长学会放手，让孩子学会独立
我的家风故事	通过读书会，促进家校密切合作，普及科学育儿理念
培养孩子良好习惯	让家长掌握培养孩子良好行为习惯、学习习惯、生活习惯的方法
正面管教	帮助家长从改变自己开始，有效改善亲子关系，成为更懂孩子的父母
携手并进迎接七年级	增进家长对七年级学习教学及孩子学习生活情况的了解与认识，形成家校之间的教育合力

第二节　走进"家庭书籍"

走进一个家庭，就如走进一本永远在续写的书，耐人寻味。

走出去，主动家访，请家长参与教育活动。家访是学校教育的延伸，家庭教育的补充，班主任工作的乐趣。在我的家访生涯中，我读到了一部丰富、精彩的"家庭书籍"。

篇章一：了解，道出了母子深情

一个深秋的下午，我走进了冯同学的家。一推开门，学生立即递给我一双拖鞋，并招呼我进门。当我坐下来与学生、学生的母亲一起谈论学生的懂事时，学生的母亲不由得道出一段心酸的往事。

孩子刚四个月，父亲就离开了人世，离开了母子俩。自此，母亲一手把孩子拉扯大。一天，从幼儿园放学回家，孩子坐在母亲自行车车架上，一路上，展销的摊位上摆着五颜六色的糖果。孩子喜欢得直从车架上滑下来，母亲却伸手往后朝他身上捏，捏得他直哭。骑回到家，母子俩都哭了。母亲多想满足一下孩子小小的愿望，却因家庭困难而制止了孩子。

从此，孩子不吵了，别的小朋友在吃东西，他却学着母亲的口吻说："吃东西真不合算，吃下去就没了。"

说到这儿，母亲直掉眼泪。如今，孩子的懂事、优良的成绩是她最大的安慰了。该生也非常敬爱自己的母亲，有吃的，给母亲留着；有事，总爱和母亲交流。

走访，让我读到了一份真挚的亲情。

篇章二：关爱，让我读懂了一个谎言

我接任初三班级时，班中的学习委员庄同学，一直是班中的佼佼者。可一次测试后，我发现其成绩并不理想，尤其是英语，只退不进。我从侧面了解到他的家庭情况，该生父亲长期病休在家，每年要花掉4万元—5万元医药费，家里只能靠母亲一人上班来养活，有时还得靠亲戚帮忙。

我想给学生多一份关爱，于是，一天晚上我走进了他的家。不必换鞋，他家是纯天然的墙砖、地面。

在与学生家长的交谈中，我未找出什么特殊原因。而在学校里，尤其是英语课，他的话"特多"，他多次转过身问旁边同学问题。问其本人，他只说自己没什么问题，是在认真学习。

这时，我突然想起，是否他现在戴着的眼镜已模糊了？我拿起一本练习册，让他隔一段距离看上面的字。无奈中，学生才道出"黑板有点儿看不清了"，却坚决不要再配眼镜。

我将此事告诉了他母亲，只见她呜咽着，说她经常把家庭困难这件事告诉孩子，孩子也从不奢求什么。这次，孩子却为了不增添家庭负担，连黑板上的字看不清都不愿告诉她，谎称自己看得见，不愿配新的镜片，宁愿自己多些麻烦。

当我怀着关爱走进学生家门的时候，其实另一种关爱早已浓厚，那是我在电话中读不到的。

走访，让我读懂了一个谎言。

篇章三：信任，呵护了一颗脆弱的心

吴同学，一个大大咧咧、泼辣的女孩，坐在教室的第二排，没有同桌。老师、同学对她的评价是性格刚烈，与她同桌过的男女生共有八位，均因受不了这般"凶"的性格而提出调离。

而她，上课有时心不在焉，成绩明显退步，我多次电话联系，得知学生在家也较懒散。我查阅了她初一、初二的成绩，一看，惊讶了，她竟曾是一个几次考到年级前二十名的学生！

我找她谈话，她提出要一个同桌。我有些担心，感觉这也是个难题。该让谁坐在她旁边？她只是想找个伴，课上能进行英语对话吗？会不会找个作业参考？谁愿意跟她坐？会不会坐得长久？……我让她自己选择，她就说起一些旧同桌的往事，但不敢点谁。她显得很无奈。

这时，我走访了她家。原来，她和爸爸一个家，爸爸妈妈几年前

就离婚了，而该生从没向谁提起过。开学初的家长会也是她妈妈一人来的。

中午我到她家，只有她一个人在，好像还刚睡醒的样子。我走进她的小房间，只见墙面上赫然手写着一行大字——我要考交大。

"哇！好大的口气！想不到竟有这般志气。"从她奶奶口中，我得知：该生很孝敬长辈，待人也热情，只是学习不上进。后来，从她爸爸口中得知：她很想把成绩提高，但动力不足，耐心不够，对于和同学的交往没有信心。

不必质疑，信任她。我很快给她安排了一个同桌。渐渐地，我越来越多地发现她的优点：课上勇于发表自己的见解；知识面广；同学有困难，她很乐意帮助；写作文采也不赖。有几次作文讲评，我都让她读自己的文章。自此，她几乎每星期都要多写一至二篇随笔。她的各科成绩也上去了。

想不到她有这么大的变化。我深深感受到：给予学生信任，那是对她最大的鼓舞，千言万语都顶不上。

走访，让我呵护了一颗脆弱的心。

篇章四：鞭策，赶出了一匹匹骏马

"因为你是一匹骏马，所以老师要鞭策你。"那是我对大家眼中的好学生经常说的一句话，在他们学习低落、犯错时，在他们倔强、犹豫时，在他们成绩徘徊时……

擅长弹钢琴、操作电脑的"文弱书生"，是一个极其内向、内心却很丰富的男生。最近他学习止步不前，且有退步之势。

当我两次走进该生的家庭后，该生变了。他变得活泼了，上课举手更多了，主动问老师了。更令老师惊讶的是，他主动报了两项体育长跑：3000米、1000米。结果更令人震惊，分别获得了第一名和第三名。

该生成绩也稳定了。

一个不知父母早晚接送辛苦的女孩，离校最远的她，在老师走访中，她感受到了。她也更努力了……

……

走访一个个学生的家，让我走进了一本本耐人寻味的书，与书中的人物一起关注，一起感受，一起分忧，一起享受……这些是我永远阅读不完的书。

第十一章

家校合作，共育未来

第一节　创家长学校，给孩子"37度的爱"

　　学校如何给学生适宜的爱？如何家校合作？如何指导家长？以生为本，最适合学生的爱是最好的爱，最适合该学生家庭的指导是最好的指导。学校源于学生实际、源于家庭实际、源于学校实际，挖掘并孕育家长和学校员工爱生的能量源泉。努力创建"37度爱生源"家长学校品牌，必修、选修和读书会三结合，打造"37度爱"家长学校；开放、交流、主导三导向，实现"37度爱"亲密家校互动。

　　学校政教处多次调查及座谈后发现：学生在生活上依赖于家长，在学习上不认同家长的教育方式；在亲子沟通方面，家长说教多于理解，强制多于沟通协作；在家校沟通方面，家长对学校了解不全面，家校合力还不够聚焦。因此，为让孩子更好地健康成长，需要搭建互动平台，它以沟通为基础，家校相互配合，合力育人，使学生受到来自两方面系统一致、各显特色、相辅相成的教育影响力。

一、多形式家长会，让家校沟通更顺畅

为了有效推进学校家庭教育工作，近几年，家长会从形式到内容都有了新的拓展和充实，具体体现在以下几方面：互动式家长会，改变以往老师站讲台，家长坐下面的培训模式，改用围成一圈的"沙龙"形式，倡导一种互相交流的轻松沟通氛围；问题"坐诊"式家长会，适合孩子成长中有共性问题的家长，一般由教师或家委会成员主持，交流彼此的经验与困惑，引起家长的共鸣和改进；信息化家长会，利用学校网站、QQ/微信群、微信公众号平台、晓黑板等信息化技术和平台，多渠道与家长联系互动，开展问卷调查等，让家长有更多机会了解并参与到学校教育工作中。

二、校园开放日，向家长敞开大门

学校每年邀请家长参加主题为"家校联动、和谐发展"的学校教育教学开放日，家长走进活动现场，走进教学课堂，走进班会课堂，观看新生军训会操表演、七年级感恩活动、八年级文体活动、毕业班励志教育活动等，既让家长了解学校管理与发展趋势，了解课堂教学与课改方向，也为教师和家长架起零距离沟通的"桥梁"。

三、亲子活动，让家长打开心门

结合上海市奉贤区"贤文化"教育、重大纪念日、中华民族传统节日等大型主题教育活动，学校常态化举办"共同托起明天的太阳""成长心连心""祝福初三""六一"庆祝活动等面对面亲子体验交流活动。这些活动让学生、家长、老师敞开心怀，展示了一个个精彩生动的亲子互动场景，增进了教师、学生、家长之间的沟通和了解。

家长学校是家长学习提升的园地，是家校沟通互动的家园，是孩子

健康成长的源泉。家庭教育工作中，"爱生"是力量源泉。作为教师，我们要有仁爱之心，要有立德树人的教育情怀。学校有责任和义务整合各方资源，发挥家庭教育的重要作用和家庭教育指导主阵地功能，共同挖掘和培植助力孩子健康成长的家庭教育源泉，让家长懂得如何理智地爱自己的孩子，让教师懂得如何科学地爱学生。

孩子就像种子，适宜的爱是恰到好处的阳光雨露，哺育种子生根，发芽，成长。家长学校的开创，可以有效地指导家长经常反思自己的教育行为，理性把握爱的"温度"和"尺度"，遵循孩子成长规律，陪伴他们快乐成长。

第二节　在家校沟通的路上

一

二十多年前，我初为人师的时候，在我眼里，家校沟通就是家访。

我会在乡间的小路上，骑着自行车，去往学生的家庭。有时，要骑好几里路，才能骑到另一位学生的家里；有时，我会享受村子里陌生小狗的追赶；有一次，在颠簸的小路上，我把新买的准备做嫁妆的"小木兰"震碎了一扇小门……

在这样的家校沟通路上，我遇到的更多的是一个个忙碌而无暇顾及孩子的家庭。

二

现如今，家校沟通的方式丰富了。不必说之前常用的方式，也不必说短信、QQ、微信等联系方式，就说以活动为载体的家校沟通活动，已经常态化了。

在奉贤区家教中心的指导下，家校沟通，不只是家校彼此了解，更是彼此学习、督促、共进；不只是走出去，也不只是走进家庭，还携手走进兄弟学校，走入更广阔的学习交流平台，如市新空气教育论坛的分享等。开展家长开放日，共同关注孩子的成长；召开家委会会议，共享教育智慧，齐扬优良家风；组织家长开放日，让家长走进孩子的班级，参与班会课；组织亲子阅读、亲子交流、亲子游戏、亲子征文，让智慧的家校合作"惠"及每一个孩子。

家长们的家庭教育智慧，那么感性又立体地展现在大家面前，或通过分享会，或编辑成专刊等。《和孩子一起学习进步》，让我们明白：面对初中起始年级的孩子，规矩和兴趣的重要性以及聪明的点滴做法。《那一年的成长记忆》，让我们敬佩家长的勇气和坚守，敢于面对孩子的一次错误经历，积极引导孩子学会管理零花钱。《家风小故事》，让我们坚信：一位孩子礼貌懂事、乐于助人、富于正义感的好品质源于明礼诚信的家庭。《母亲，比任何人了解自己的孩子》，让我们清楚：小小发明家的成绩离不开一个母亲对于儿子热爱科学的一路支持，一路陪伴，小心呵护，用心培育。《陪孩子一起"走"》，让我们懂得：面对有个性的孩子，要理解他，包容他，信任他，鼓励他，平等地对待他……

在走出去、请进来的学习交流中，有家长激动地道出："真想把自己的孩子缩回肚子里去！"但是，人生没有彩排，成长没有重来！

三

　　我想，良好的家校沟通，不是简单的语言或文字的沟通，也不是单靠良好的沟通技巧。有关家校沟通的文章里提到的"三个一"：一把椅子，当家长来的时候，给家长一把椅子，最好是当着家长的面擦一下椅子；一杯茶水，在办公室要常备茶叶和一次性水杯，让家长感到温暖；一种平等，对家长以礼相待，不居高临下。很多时候，这些是班主任、学校工作理念和能力的体现。"家校沟通，表是沟通，里是做事"，我很认同这句话。良好的家校沟通，是给孩子的成长注入正能量，是把孩子的行为展现在家长面前。

　　家庭是人生的第一个课堂，父母是人生的首位教师。学校教育和学生的某一个阶段相联系，而家庭教育贯穿一个人的始终，两者从不同角度共同影响着每一个学生的发展，所以需要学校和家庭各自发挥优势，携起手来形成教育的正能量。教师和家长都应在正确的价值目标指导下，相向而行，从而实现少年强、民族强、国家强的中国梦！

　　"桃李不言，下自成蹊"，家校沟通，任重而道远！家校沟通，风雨同舟，和衷共济，永远在前行的路上！

第三节 觉察 改善 沟通
——家校融合的成长历程

一、背景概述

《中小学德育工作指南》中指出："协同育人"，"要积极争取家庭、社会共同参与和支持学校德育工作，引导家长注重家庭、注重家教、注重家风，营造积极向上的良好社会氛围""加强家庭教育指导，要建立健全家庭教育工作机制，……促进家长了解学校办学理念、教育教学改进措施，帮助家长提高家教水平"。家庭是孩子人生的第一所学校，父母是孩子人生的首位教师；学校是孩子的第二个家，老师是孩子的重要引路人。家校协同育人，是孩子成长的主要途径。

学生在生活方面依赖于家长，在学习上不认同家长的教育方式；在亲子沟通方面，家长说教多于理解，强制多于沟通协作；在家校沟通方面，家长对学校了解不全面，家校合力还不够聚焦。于是，学校在探索家校合作机制的过程中，从纠结到淡定，从尝试到欣慰，从设想全面到重点突破，也发生了一些家校融合的成长故事，也经历了尝试—实践—反思—改进的过程，从而加强了学校与家庭、教师与家长之间的密切联系，增进了每一位家长对学校工作的了解，开创了家校协同育人的新机制。

二、目标与思路

学校以生为本，及时了解、沟通和反馈学生思想状况和行为表现，认真听取家长对学校的意见和建议，促使家长了解学校办学理念、教育教学改进措施；引领对家庭教育资源的挖掘，统筹各种家校沟通渠道，丰富学校指导服务内容，有针对性地指导家庭教育工作，拓展家长对孩子的有效教育方法和路径。

学校先通过问卷调查，了解学生家长的需求和对学校工作的意见和设想；然后归类分析反思，提出改进措施；再尝试实践，突破一点，在实践创新中不断提升；最终让家长们主动了解学校、老师、学生，并真正和学校融合成长合力。

学校、家庭、社会形成整体的育人网络，发挥家庭教育和家长学校的特殊作用，实现优势互补，形成教育合力，为学生、教师、学校提供更广阔的发展平台。

三、过程与方法

学校尝试家长值班制，让家长零距离地了解学校、班级、老师、学生，助力学校发展；尝试有针对性地进行家教指导团队辅导，提升家教指导力；尝试提供更多亲子活动的平台，提高学生的综合素质能力。

故事一：家长值班制，从纠结到淡定

学校已具备学校、年级组、班级三级家长委员会，如何发挥他们的作用，让家长和学校凝聚力量？我们设定用书面民意测验的方法广泛收集学生家长意见，鼓励家长通过健康有效的渠道提出合理化建议。

当学校把近百名家长的书面意见分类汇总时，我们有喜有忧。喜的是，尽管是书面征求意见，但部分家长却充分肯定学校老师的尽心尽职，对孩子的爱心呵护，甚至有的担心老师的身体健康等。忧的是，家长们的建议不少,有对学校安全隐患的,有对食堂饭菜的,有对学校放学时间的,有对作业布置的等等。看着这些,我们心里真不是滋味,其中也不乏因家长不了解而导致误解的。但冷静反思,联系各部门阅读反思:有些需要解释,有些需要增进沟通,有些需要改进……

于是我们设想,是否安排家长值班制?每周一天,轮流由家委会一至二人进校值班。一开始,我们纠结:这样是否会被家长发现更多问题?这样是否让家长牵着老师鼻子走了?这样是否影响老师的常规工作……

最后,我们还是决定开始实施家长值班制。值日家长巡视校园,进班听课,共进午餐,师生访谈,反馈交流。家长们看同学们的个人仪容仪表、课堂学习、课间文明礼貌、班级卫生等情况,关注校园的安全等,尤其关心大家的午餐情况。

于是,从协商建立制度、制定巡视证、安排值班表,到升旗仪式上的宣传,到一次次值班实践,家长们对学校的了解更多了,偶尔也提意见,但更多的是理解;学校改进多了,如从家长心疼孩子饭菜的浪费开始,到每月绿色文明午餐中队的评选,孩子们光盘的多了,浪费的少了。

通过家长值班制,组织家长对学校、班级工作进行监督,反而提醒学校更完善工作,协助班级做好个别对班级工作有误会的学生家长的疏导工作。每学期,学校还是征求意见,家长们不理解的意见少了,我们更加淡定了。

故事二:家教指导,从尝试到欣慰

学生心理问题的起源,很多来自家庭,所以,家长在关心子女生理健康的同时,还应关心他们的心理健康。

例如,面对九年级学生学业繁重的情况,部分孩子压力较大,难免导致家庭中亲子关系紧张。引导家长与孩子有效地沟通,是必不可少的一个方面。以往专家讲、家长听是最常用的方式，但学校改变辅导方式，尝试有针对性地对部分家长进行以"觉察自我，改善沟通"为主题的团队辅导。

热身环节：在舒缓的音乐下，让家长们互换角色，一位做"盲人"，另一位做"眼睛"，而且需要漫无目的地舞动起来。游戏后，让家长分享感受，家长们初步感受到了"换位思考，默契合作"的重要性。

"觉察自我"环节：以图文和自己演示的形式告知家长们家庭有压力的情况下，常见的不良家庭沟通模式，了解几种常见模式的言语、情感、行为等表现。然后让家长们分小组交流并演示生活中典型的家庭教育场景。分别用雕塑或表演形式，显示四种不同的沟通方式："指责""讨好""超理智"和"打岔"。家长们把日常生活中指责的神态、形态表现得淋漓尽致，引起大家强烈的共鸣。通过分析，家长们明白——在指责的时候看起来很痛快，气势汹汹，但是这个时候，其实会伤害他人，会使人感到害怕、孤独，而且负向的情绪还会使身体付出代价。大家在笑声和讨论中觉察到了自我在家庭中的角色和正确的理念。

"改善沟通"环节：教大家如何运用"一致型"的方式沟通，常规的步骤以及几种不良沟通方式的具体调整和改善方法。然后让所有的家长在"我的策略卡"上写下自己的方法，并写下自己的期待或困惑。接着选一张主题词卡片，涉及的主题词有反思、放下、释放、坚持、信任、亲近、面对、改变……最后大家围成一个圆圈，表达自己面对压力将表现出正确的"一致型"沟通方式。

家长们在这次团队辅导中感触颇深、受益匪浅，都表达出自己的肺腑之言。"聆听和沉默都是不错的减压方式。关爱孩子的同时，也不要忘记关注自己。""换位思考，不该再给孩子压力，要给他信心。""孩子不仅需要我们提出不足和指正错误，更需要我们在指责和指正错误的同时，给予他们足够的信任和尊重！""要随时关注孩子的思想动态，以便调整家长孩子的沟通方式。""陪伴、倾听和支持！""尊重，理解，鼓励，引导，做智慧的家长，和孩子一起成长！""在日常生活中以身作则，这样自然会得到孩子的信任与尊敬。""内心不要焦虑，以平常心对待，做好自己，不要留下遗憾。""在孩子最需要家长帮扶的人生第一个拐弯处，与孩子一起走好。"

有针对性地进行团辅，更好地用觉察自我的沟通方式，在压力面前，学习运用"一致型"的沟通方式来解决问题，让孩子们在更健康的家庭环境中发挥实力、挥洒精彩。

故事三：学生的实践，从单纯到融合

为丰富学生寒暑假、节假日的社会实践活动，同时让学生有更多的机会融合家庭、社会，学校携手家庭、社区，让学生的实践活动从单纯到融合，家校合力，共同打造劳动教育新机制。

一是以劳动教育为抓手，融合家庭，形成学生热爱劳动、自主发展的机制。

寒暑假，开展"扮靓家中一平方"活动，寻找家庭中那些被杂物占据的角落，发起全家人共同参与的大扫除，学生利用自己的手工、绘画作品，或者自制或自购的装饰物等来改变家庭，在生活中拓展和升华美，从而激发学生的创作乐趣与审美情趣。

根据不同年级兴趣和特点，分别开展"亲子协作变废为宝小制作""我为小树换新装""学习整理、处理旧衣物"等活动，由此培养学生热爱劳动、学会劳动、创造劳动的品质。

二是充分利用家长资源，开设家庭社区提供的劳动教育网点。

为学生开创劳动实践、职业体验的基地。通过排摸和与学生家长的沟通，开设了基本固定的实践点——解放一居、解放三居、南街居委、北街居委、江海一居、奉贤图书馆、南桥镇文化中心、南桥镇消防中队、南桥镇体育中心、南桥镇福利院、庄行镇梨园、个体工商户、奶茶店、陶艺室等。让各班级组织好假日小队，有计划地开展丰富的实践体验活动。

四、成效与思考

家校有效合力，需要彼此不断觉察自己、改善自我，从而改进沟通方式。经过十多年的探索与实践，南桥中学逐渐构建起独具特色的家校社协同育人"同心圆"支持体系，打造以"37度爱家长学校"+"37度爱家庭教育工作坊"为品牌的特色模式，为本区及本市其他学校提供了一定的可借鉴的经验。

读书促成长

读书的最高奖赏，不是得到了什么，而是在一路上成了什么。

——题记

一、为读书而读书的读书娃

一直以为，自己还没工作之前，就是一个爱读书的孩子。从还没有上幼儿园开始，就天天想跟着姐姐去上学，最后如愿以偿拿着自家的凳子去上学。于是，我比同年龄的孩子早一年读书。

收到大学录取通知书的时候，我没有得到家人的祝福，爸妈建议我：别再去读书了，工作吧。我沉默了很长一段时间，最终还是走上了继续求学的路。

在十几年的学业生涯中，我与书籍的接触，从小学时的仅有教科书，到初中后的几本作文书，直到上大学，我开始看到同学手里不一样的书籍。《红楼梦》《家》《春》《秋》《雾都孤儿》《约翰·克利斯朵夫》……一本又一本，闪亮在眼前。

慢慢地，我读起了课外的书籍，但并不怎么投入，似乎更多的是浅尝辄止。读书，让我成了为读书而读书的读书娃。

二、工作中不断充电的教书匠

师范毕业，我做老师了。我可以坚持按自己的读书计划去读，我可以坚持每次读完后写读书笔记，我可以坚持与孩子们交流分享。

我可以舍弃过分照顾反对读课外书同事的面子，我可以舍弃当天未讲评完的作业或未讲完的课，我可以舍弃一部影片、一个热门电视剧，我可以舍弃与微信朋友圈过多分享的时候。

我读教育的书籍，如于漪的《教育魅力》一书，它让我感受到著名教育家们的教育魅力。孔子的"有教无类"引领教师"不放弃任何一个学生"；孟子的"尽信书则不如无书"提醒教师要有怀疑、批判的精神；郑玄的"师善则善"要求教师要有过硬的素质；柳宗元的"交以为师"主张师生关系亦为师友关系，是教学相长的先导；明代王守仁提出的"人要随才成就"，不正是当今教育"尊重个体，因材施教"的理念吗？他们让我感受到了教师魅力的影响力。

于漪老师的名言"一辈子做教师，一辈子学做教师"，让我在实践中学习该如何坚持和放弃。当实践中我的一些言行过激时，我可以坚持像于漪老师那样"每日三省吾身"；当一个个特殊生出现时，我明白了每一个孩子都是唯一的，"一个都不能少"，不仅在数量上，更是在人格品质上。

《韩诗外传》中说，做别人的老师，他必须具备这样的条件，就是"智如泉源，行可以为表仪者"。做一天老师，学做一天"人师"！

三、闲暇时读书伴成长的"书虫"

工作之余，我读《平凡的世界》，明白：在自己平凡的世界中，我唯有扎实、踏实、真实，不让生活吞没自己，勿忘这泥土的培植！

当受到质疑时，记着"在清水里呛呛，血水里泡泡，咸水里滚滚";当风雨来临时,记住"一年一年,风吹一阵,雨落几场,等草木从裂缝里长出来,盖满了群山,你就长大了"……

读书,让我认识了更多的人,《我与地坛》的史铁生、《生命的留言》的陆幼青、《乔布斯语录》的乔布斯、《曼德拉传——光辉岁月》的曼德拉……

多看看他人的心得经验,多欣赏他人的精彩亮点,多理解他人的想法见解,多宽容他人的错误——虽不年轻了,但也需要成长,更需要成熟!带着深情播种,不求喜悦收获。

读书,一路相伴,一路成长,让我不空虚、不寂寞,让我成为一个充实的幸福人。书香左右,幸福相随——这是读书对我的最高奖赏!